KB174901

朝鮮歷史講話

최남선 한국학 총서 16

조선역사강화

최남선 지음
오영섭 옮김

景仁文化社

• 목 차 •

근세

최근

부록

일러두기

본 총서는 각 단행본의 특징에 맞추어 구성되었으나, 총서 전체의 일관성을 위해 다음 사항은 통일하였다.

1. 한문 원문은 모두 번역하여 실었다. 이 경우 번역문만 싣고 그 출전을 제시하였다. 단, 의미 전달상 필요한 경우는 원문을 남겨 두었다.
2. 저자의 원주와 옮긴이의 주를 구분하였다. 저자 원주는 본문 중에 ( )와 ※로 표시하였고, 옮긴이 주석은 각주로 두었다.
3. ( )는 저자 원주, 한자 병기, 서력 병기에 한정했다. [ ]는 한자와 한글음이 일치하지 않는 경우와 한자 조어를 풀면서 원래의 한자를 두어야 할 경우에 사용했다.
4. 맞춤법과 띄어쓰기는 『표준국어대사전』의 「한글맞춤법」에 따랐다. 다만 시문(詩文)의 경우는 운율과 시각적 효과를 고려하여 예외를 두었다.
5. 외래어 표기는 『표준국어대사전』의 「외래어표기법」에 따랐다. 「외래어표기법」의 기본 원칙은 현지음을 따른다는 것으로, 이에 의거하였다.
   1) 지명: 역사 지명은 우리 한자음으로, 현재 지명은 현지음에 따르는 것을 원칙으로 하였다.
   2) 인명: 중국은 신해혁명을 기준으로 이전의 인명은 우리 한자음으로, 이후의 것은 현지음으로 표기하였고, 일본은 시대에 관계없이 모두 현지음으로 바꾸는 것을 원칙으로 하였다.
6. 원래의 글은 간지 · 왕력 · 연호가 병기되고 여기에 일본 · 중국의 왕력 · 연호가 부기되었으나, 현재 우리에게 익숙한 시간 정보 규준에 따라 서력을 병기하되 우리나라 왕력과 연호 중심으로 표기하였다. 다만, 문맥상 필요한 경우에는 해당 국가의 왕력과 연호를 그대로 두었다.
7. 이 책에 수록된 사진은 모두 새로 작업하여 실은 것들로, 장득진 선생이 사진 작업 일체를 담당하였다.

조선역사통속강화는 어떻게 쓴 것인가?

어떻게 바르고 간명하고 또 요체를 얻고, 할 수 있으면 함축과 암시도 있는 조선 역사를 만들까 하는 것은 실로 수십 년 전에 처음 사학(史學)의 울타리를 엿볼 때부터 내가 가지고 있던 마음이요 소원이다. 조선 역사가 완전히 황무지 상태에 있는 오늘날에는 이 가운데 한 가지 조건을 만족케 하기도 실로 쉽지 않은 일이다. 더구나 이 모든 것을 구현하기는 거의 무모에 가까운 일이라 하여 매양 생각만 하고 감히 손을 대지 못하였다.

만일 이것저것 옛날부터 지금까지의 문적(文籍)을 베껴 놓는다든지, 이 소리 저 소리 지저분하게 흩어져 있는 사실을 늘어놓는다든지, 또 아무런 헤아림이나 비판이 없이 남의 것을 그대로 모방하고 따르려 하면 그야말로 몇 권 책을 뭉뚱그리기 쯤은 퍽 쉬운 일이다.

비교적 오랫동안 유의하고 또 재료를 마구 더듬어 왔기 때문에 누구보다도 커다란 조선 과거 생활의 쓰레기통을 만들어 내기에는 어려움이 없을 것이다. 그렇지만 조그만 저술가적 양심, 사학가적(史學家的) 성의, 조선인의 자주적 입장에서 참으로 조선의 민족 · 사회 · 문화를 인과적 · 체계적으로 남에게 알려 보려 하기까지 조선 역사란 것을 말하면서도 책을 만들 용기는 과연 없었다. 그것을 간단하게 하자면 간단하려는 만큼 도리어 겁을 집어삼키기까지 하였다. 남들이 나에게 무슨 기대를 하든지, 세상의 수요야 어떻게 바쁘든지, 할 수 있으면 이 어렵고 무거운 소임을 다른 유능한 인사에게 미루고, 나는 반평생의 정신을 집중해 오던 단군 연구나 붙들고 가려 하였다.

그러나 사학(史學)의 침체와 사학계의 적막함이 줄곧 마찬가지인데다가, 모처럼 기대를 했던 사학을 연구하는 신인들 사이에 우리가 보기에도 역사 연구에 대한 태도와 방법에 있어 매우 걱정스러운 경향조차 보이고 있었다. 한편 금일 또 금후의 조선인에 대해서는 역사의 사실을 국민 생활의 거울로 삼아 깊이 스며들고 즉각 반응하는 자각과 자려(自勵)를 재촉할 필요가 시급한 실정이다.

조선의 과거를 널리 보고 바르게 살피고 대략 말하고 사실 그대로 설명하여, 이른바 해골 속의 눈동자를 만져 줌에 있어서 그래도 하루만큼이라도 앞선 기술을 지닌 우리가 낫지 않을까 하는 부질없고 턱없는 자부와 자임이 새로 일어나기도 하였다. 그리하여 이럭저럭하다가 아무렇게나 용렬한 표를 여기 한번 내어보자 하기에 이르렀다. 그리하여 4~5년 이래로 이 연구와 재량에 심력을 기울여 써서는 고치고 만들어서는 줄이기를 무릇 4~5번이나 하였다. 그러다가 귀찮은 생각에 그만 손을 뗀 것이 이제 우선 대가들의 질정을 청하려 하는 이 한 권의 작은 책이다.

이 조선 역사가 기약하는 바를 얼른 말하면, 그 정신(내용)에 있어서는 조선인의 조선 역사가 되고, 그 형식(분량)에 있어서는 최소한도로 최대 요령을 기울여 시간적 조선의 명백한 설명자가 되려 하는 것이다. 그리고 태도로 말하면 역사를 일종의 창작이나 교훈서로만 여겨서 마음대로 독단 · 망동하는 나쁜 폐단에 빠지지 아니하고, 엄정한 사실에 기초한 조리 있는 조선 생활의 기록이 되도록 거듭 심혈을 쏟았다. 물론 견식이 낮고 지혜가 열고 또 세련과 퇴고(推敲)에 힘을 많이 쓰지 못하여, 아직 기약한 바에서 백분의 일도 구현하지 못한 것이 사실이지마는, 온 성의와 진심이 있는 바는 결단코 이러하였다.

이 책을 읽으시는 이들 중에는 이것이 너무 간단하고, 평범하고, 얼른 보기에 아무 신기하거나 뛰어난 것이 없음을 기분 나빠 하실 이들도 많을 것이다. 그러나 이 책은 본래부터 학자 · 전문가 내지 특수 취미가를 상대로 쓴 것이 아니다. 다만 일반 조선 인민을 위하여 지금까지 조선이 밟아 나온 길과 발자국을 일관적 · 계기적으로 쉽게 알고 간편히 이해시키기 위해 쓴 것이다. 저자가 스스로 한탄하는 바는 도리어 이것을 더 간단하게, 더 평범하게 만들지 못하고 그리할 재주가 아주 부족하였음에 있다.

또 어떤 이들은 고대의 서술이 너무 소략하고 거기에 비해 근대의 사실이 많은 편이라 하여 형평의 원칙을 지키지 못했음을 지적할 것이다. 그렇지만 이 책의 또 따른 목적은 대체로 금일의 조선을 설명하는 살아 있는 기록이 되려 함에 있다. 재료를 취하거나 버리거나 서술을 상세히 하거나 간략히 하거나 간에 오로지 우리 현재 생활에 관계하고 교섭하는 정도가 깊은가 얕은가에 따랐을 뿐이다. 진부한 과거 일이나 막연히 백과전서적인 자료를 찾으시는 이는 다만 현재 조선을 구성하는 중요 뼈대만을 표현한 이 작은 책에 당연히 실망할 것이다. 그러한 희망은 모름지기 많이 쌓여 있는 다른 고대 기록이나 일상 문자에 만족하시라 할 수밖에 없다.

그리고 책 말미에 붙인 조선 민덕(民德)에 대한 논의는 다수한 사람의 망령된 자존심에 저촉될 것이 많다. 그 용서해 주는 성질이 너무 부족하고 잘못을 적발하는 것이 너무 가혹함을 싫어할 이들도 많이 있을 것이다. 그렇지만 대체로 조선인도 이만큼 자라고 단련된 바이므로 이제 그만 용렬한 자만심과 천박한 자위감을 벗어나 자기의 진실상, 그 진정한 장단과 득실을 알고 깨우쳐야 한다. 그리하여 사실에 비추어 향상의 일로를 걸어야 할 시기에 다다른 것으로 생각하여, 얼마만큼 정직하게 조선인의 자질을 그린다 한 것이다. 말의 옳고 그름이 어쨌든지 간에 저자의 본마음에 있는 바를 헤아리시면 매우 다행이라고 생각한다.

이 작은 저서는 작년 중에 단행본을 내고자 한 것이었다. 그러나 아직껏 내지 못하고, 이제 『동아일보』의 간절한 부탁을 받고 나서 우선 지상 보급의 길을 한번 밟기로 한 것이다. 아울러 이것보다도 더 간단히 만들어 학교의 교과서에 사용하도록 별도의 저서를 조만간 출판하고자 준비하고 있다.

1930년 1월 10일 밤

일람각(一覽閣)에서

『조선역사』 신판 서문

『조선역사』는 왕년에 최소한도의 민족 발전 과정을 알리기 위하여 간략함을 위주로 찬술한 것이다. 또한 가혹한 검열 제도 하에서 구차히 세상에 내보낸 것이다. 그러나 발행된 지 얼마 되지 않아 반포 금지의 액운을 만나서 거의 잊어버리고 거들떠보지 않은 지가 오래되었다.

혁명 이래로 국사에 대한 목마름이 날로 심해졌으나 여기에 응하는 이가 얼른 없었으며, 또 인쇄업계의 뒤숭숭함이 신서의 출현을 억제하고 있었다. 『조선역사』의 지형(紙型)의 남아 있음을 아는 이가 그 책의 중간을 매우 간절히 청하였다. 그러나 해방된 조선에는 마땅히 해방된 국사가 있어야 한다는 생각에서 얼른 이에 부응치 아니하였다.

그러다가 시대가 이미 오래고 이 책을 요구함이 더욱 다급하여 나라는 있으나 역사서가 없는 상태를 더 이상 묵과하기 어렵기로 그런대로 그 청을 힘써 따르기로 하였다. 구판에서 부록인 「역사를 통하여 보는 조선인」을 제거하고, 고쳐 「독립운동의 경과」를 더 넣은 것은 또한 시대의 요구에 부합하기 위함이다.

1945년 11월 20일 씀

작은 서문

역사는 사실의 쓰레기통이 아니며, 연대의 실꾸리가 아니며, 물론 너저분한 고증과 자질구레한 언행록도 아니다. 일국의 역사는 그 민족 · 사회 · 문화가 발전하고 성립한 내력을 가장 분명하고 요령 있게 인과적으로 표현한 것이라야 할 것이다. 각각의 사실에 정당한 지위를 부여하여 그것의 정돈되고 가지런한 연쇄가 곧 그 국가 · 민중 · 생활 · 문화의 합리적 전개상이라야 할 것이다.

변변치 못한 내가 조선 역사에 관심을 가진 지 이제 수십 년이나 되었으나 세간의 간절한 기대를 저버리면서 감히 간단하나마 한 권의 통사를 편술하지 못함은 다름이 아니다. 실로 숫돌처럼 있는 조선의 사료와 원시림 대로 있는 조선의 역사를 주물러서 학리적으로 조리를 밝힘이 실로 용이치 아니하기 때문이요, 일부분 일토막을 만지작거릴수록 이 어려움을 알아감이 더욱 깊어지고, 무딘 양심이 저절로 날카로워졌기 때문이다. 아아, 어떻게 첩첩한 가시덤불이여, 그 이름이 조선 역사이던가!

그리하여 나는 조선 통사의 저술을 거의 단념하고 이를 총명한 현인에게 미루었다. 그 대신 노력과 성의를 고대사 중에서도 단군 중심의 원시 문화 연구에 국한하여 왔다. 그러나 언제까지 가도 이에 관한 학구적 양심에서 나온 책이 오히려 보이지 않았다. 그런데 민중이 자기 자신에 대해 눈 뜨려는 열성이 커지면서 국내외에서 나의 지나친 조심성을 채찍질함이 날로 커졌다. 이에 용기를 내어 모기가 침 하나를 쇠로 만든 소의 몸통 위에 디밀고 2, 3년간 뚫고 뚫고 또 뚫어 겨우 침 하나 들어갈 구멍을 낸 것과 같은 작은 성과를 이루었다. 이제 공포하는 이 작은 저서는 그 대강의 줄거리를 뽑아서 시민용 최소한도의 조선 역사를 삼으려 하는 것이다.

각각의 개별 문제에 대해서 오랫동안 공부를 쌓아 왔으나 그 계통을 세우고 가치를 정하는 일은 실로 용이치 아니하였다. 더욱이 가능과 당위의 극한에서 이를 눌러 짜내고 다시 증류하여 일반 독자에게 가장 정확하고도 가장 간단명료한 사식(史識)·사견(史見)을 붙잡게 하자는 이상은 과연 비상한 고뇌로서 오랜 시간을 자물쇠 채웠다.

이 거친 수백 장 원고지의 얼른 봐서 평범한 저술이 실상은 글자 하나마다 어려움이 하나씩 있는 소산물인 줄을 아는 자는 아마 필자 혼자일 것이다. 그 대신 수십 년간 심혈을 쏟은 결정체가 이 대단치 않은 짤막한 책이냐고 웃으실 이는 천하에 그득할 것이다. 글은 쓰기 어려운데, 역사는 더욱 그러하다. 따를 만한 선행 저술이 없는 조선 통사를 찬술하는 것이 어렵고 또 어렵다는 것을 투철하게 깨달은 것이 나의 그 동안의 소득이라 할 것이다.

이 한 책은 조선사의 강령을 약간 보인 것이요, 정도의 높음과 재료의 많음은 이 뒤에 계속하여 발표할 것에 미루려 한다. 다만 간략하나마 이 대강을 깨달아 이해하면 조선 역사의 경략·짜임새·지름길이 드러날 것이며, 고래의 모든 문헌이 와서 각주 노릇함을 볼 것이니, 이 작은 책이 그저 작은 데서 그치는 것만은 아니다. 재료의 취사, 표현의 방법 등에는 아직 미흡한 것 투성이요, 또 사실의 예시에도 실수가 적지 아니할 터인데, 이것은 대가들의 질정과 아울러 금후의 노력으로써 보충하여 가려 한다.

또 종래의 작은 저서와 잠시잠시의 강설이 잘못 학계의 주의를 끌어서 이러저러하게 일반인들의 주목을 받은 것처럼, 이 한 책의 내용이 금후 역사를 좋아하는 이들에게 크게 이용될 것을 스스로 기약한다. 이는 물론 조선인의 역사에 대한 무지를 하나라도 제거한다는 의미에서 도리어 기뻐할 일이다. 다만 종래의 경험으로 봐서 일일이 근거한 바 있는 틀린 사실이나 착오 있는 말을 사용할 때에 무심히 혹은 고의로 고치거나 농락하는 일이 있을까를 이 책에서 특히 걱정하지 아니치 못한다.

이 책을 찬술한 태도 · 용의, 사실에 대한 견해 및 그 처리 · 표현 방법 등 범례는 이제 따로 적지 아니하고 실제 그것들로 하여금 일일의 스스로 증거가 되게 하였다. 또 이 책이 민족과 문화의 시발기인 고대의 사실에 조략함을 섭섭히 아시는 이는 졸저 『아시조선(兒時朝鮮)』을 참고하여 그 구체적 지식을 얻기를 바란다.

1928년 10월 3일 홍익인간의 큰마음을
새로 감탄하여 우러러보면서
동산 일람각(一覽閣)에서 저자 씀

조 선 역 사 강 화

상 고

제1장 조선국의 시초

1. 맨 처음

아득한 옛날에 해 돋는 동방을 '진(震)'이라 불렀는데, 진 땅에서는 구멍에서 살고, 사냥질로 먹고 입는 오랑캐들이 살았다. 지금으로부터 5천 년쯤 전에 먼 사방으로부터 '백(白; 붉)'이라고 하는 사람들의 무리가 진 땅에 와서 사방에 흩어져 살았다. 이 백 사람들은 집을 짓고, 농사를 지어서 먹고, 실로 옷감 만들 줄을 알며, 또 병 고치는 법과 사람 사람끼리 모여 지내는 예절을 가졌다.

또 그들은 천신(天神)을 신앙하여 높은 산에서 그를 받들고, 이 산을 백산(白山)이라고 불었다. 여러 백산 가운데 지금 백두산(白頭山)이 그 우두머리가 되는데 태백산(太白山)이란 이름을 가졌다. 오랑캐들은 차차 백 사람들에게 눌려 지내게 되었다.

※ 고어(古語)에 신명(神明)을 '붉'이라 하여 한자의 백(白)으로 표음을 삼았다. 고조선 사람들이 자신들을 백민(白民)이라고 부르는 것은 곧 신명 민족(神明民族)이라는 칭호였다. 후에는 중국인이 이것을 박(狛) 혹은 맥(貊) 자로 쓰기도 했는데, 박이 다시 맥으로 변하여 그 음도 '믹'으로 변하게 되었다.

2. 단군 조선

얼마 후에 백(白) 사람들 가운데 하늘과 같이 알게 된 어떤 신인(神人)이 나셨다. 이에 이 어른을 모시고 백 사람들이 태백산 아래에 나라를 세워서 이름을 조선(朝鮮)이라 하였다. 이 거룩한 어른이 단군 왕검(壇君王儉)이시다. 단군 왕검께서는 나라가 편안하고 백성

백두산
태백산이라고도 하는 백두산의 천평에서 단군이 나라를 세웠다고 한다.

이 즐거울 여러 가지 문화를 마련하시어 온 세상 사람들에게 높임을 받으셨다. 이 조선 나라가 생기던 날을 후에 개천절(開天節)이라 하여 조선 사람들이 가장 기뻐하는 명절이 되었다. 기원전 2333년 10월 3일의 일이라 한다.

※ 고어에 하늘을 '단굴'이라 하고, 하늘에서 내려온 신인(神人)을 또한 '단굴'이라 하였다. 단군(壇君)은 실로 이것을 한자로 표시한 것이다.

3. 기자 조선

단군의 나라는 처음 태백산 아래 천평(天坪)에 있었다. 그러다가 차츰 남쪽으로 옮겨가서 지금의 대동강 유역, 구월산 일대 지방으로 나왔다. 합하여 1,200년쯤 단군의 이름으로 백성을 다스렸다.

후에 나라 형편이 달라지자 법을 새로 마련하고 임금의 이름을 기자(奇子)라고 일컬었다. 기자의 시절에 와서는 안으로 농사가 더욱 커지고, 밖으로 바다 건너 중국과 더불어 무역을 행하여 이 동안에 여러 가지 보물과 기술이 굴러 들어와서 문화가 더욱 높아졌다.

기자 시절에는 지금 압록강과 대동강을 중심으로 한 남북 각 천여 리의 땅을 조선이라 불렀다. 나라 이름과 마찬가지로 그 서울을 조선이라고 일컬었다.

※ 고대에 군장(君長)은 천주(天主)인 태양의 아들이라 하여 이를 'ᄀᆞ지'라고 불렀다. 음이 서로 비슷한 관계로 중국의 기자(箕子)와 혼동하는 전설이 생겨났다. 'ᄀᆞ지'에서 생겨난 몇 개 성씨 가운데 그 정통이라 할 것을 기자(奇子)라고 쓴다. 이제 이로 인하여 착오인 기자(箕子) 대신 기자(奇子)란 표음을 취하였다.

제2장 중국인의 북새질

4. 위만의 도둑질

지금부터 2,700년쯤 전으로부터 중국에 큰 전란이 수백 년 계속되자 백성들이 피난하여 살 곳을 찾았다. 조선이 좋다는 말을 듣고, 그 북방의 백성들은 육지로 걷고 동방의 사람들은 바다를 건너서 연속해서 조선 안으로 들어와 살았다.

이 중국인의 더부살이가 5, 6백 년 모여서 제법 큰 세력을 이루었다. 그때 정치 경험을 가진 위만(衛滿)이란 자가 새로 들어와서 이 세력을 거느리고 조선의 궁정을 쳐서 빼앗고 대신 임금이 되었다. 기자라는 이름으로 임금 노릇을 한 기간은 9백 년 남짓하였다.

5. 낙랑군

이때 조선과 중국 사이에는 무역상으로 큰 관계가 있었다. 위만의 나라가 중간에서 이 이익을 집어삼키매 중국에서 이를 미워하여 군사를 데리고 와서 쳐서 없앴다. 그 자리에 낙랑(樂浪)이라는 고을을 두고, 낙랑의 곁에는 임둔(臨屯), 진번(眞番), 현토(玄菟) 등 세 고을을 두었다. 이것을 한나라의 4군(四郡)이라 일컫는다.

그러나 이 세 고을은 본토 사람의 반항으로 인하여 바로 없어지고, 지금의 평안도와 황해도에 걸쳐있던 낙랑군만이 부지하여 나갔다. 위만의 나라는 90년쯤 누렸다.

낙랑의 고을을 처음 두던 때에, 중국에서는 한(漢)이란 나라가 한참 융성하였다. 이 한나라의 진보한 기술이 조선의 많은 재력과 합하여 낙랑의 문화는 놀랍게 발달하였다. 또 중국 본국과 같이 큰 난리를 치르지 아니하여 낙랑의 영화가 오래도록 계속되었다.

※ 고대의 수도에는 대개 신산(神山)과 신수(神水)가 있어 산을 '붉'이라 하고 물을 '알'이라 하였다. 낙랑은 '알내'를 한역한 것이요, 또 별도의 번역으로 '열수(列水)'란 글자도 쓴다. 열(列)도 '알'의 사투리인 '얼'의 표음이었다. 고어에 수도를 또 '나라'라 불렀는데, 낙랑이 또한 그러하다. 낙(樂)에는 '라'음이 있으므로 중국인은 낙랑의 낙을 락(洛)음으로 읽어서 '나라'의 음을 표시하기도 하였다.

6. 새 나라의 생김

중국인에게 나라를 빼앗긴 조선 사람들은 사방으로 흩어져서 여러 새 나라를 만들었다. 낙랑을 가운데 두고 말하자면, 그 남쪽으로 지금의 충청 · 전라 · 경상 3도의 땅에 한(韓)이 있고, 그 남쪽으로 지금의 강원도에 예(濊)가 있고, 그 북쪽으로 지금의 함경도에 옥저(沃沮)가 있고, 그 북쪽으로 압록강 골짜기에 고구려가 있고, 또 그 북쪽에는 옛부터 내려오는 부여(扶餘)가 있고, 이 사이에 허다한 작은 나라들이 끼어 있었다.

※ 구려(句麗)는 처음에 압록강 골짜기의 작은 하나의 부락이었다. 뒤에 부근의 소국들을 병합하여 강대해지자 고구려라 일컬었다. 고(高)는 지금 말로 '크'의 옛 표음이다.

제3장 민족의 자각

7. 민족의 깨달음

중국인의 낙랑 고을로 인하여 생활이 점점 압박을 받자, 조선 사람들이 세운 여러 나라들은 다 각기 자기 나라에서 낙랑 고을을 밀어낼 양으로 애를 썼다. 그러나 낙랑의 굳은 뿌리는 쉽게 흔들리지 아니하였다. 이에 조선 사람들은 전 민족의 힘을 합하여 한꺼번에 달려들어야 할 필요를 깨닫고, 여러 나라가 힘을 합하여 사방에서 한꺼번에 들여 좁혀서 차차 낙랑의 세력을 줄이게 되었다.

8. 낙랑이 쫓겨감

그러나 작은 나라로는 큰 힘을 쓸 수 없자 차츰 나라들의 통합이 이루어졌다. 1,800년 전에는 고구려가 북방에서 큰 세력을 이루어 국호를 고구려라 하였고, 그보다 백 년쯤 뒤져서 남방에서 백제가 성대해졌다. 앞뒤로 부쩍부쩍 우그린 결과로서 1,600년쯤 전에 4백 년간 들어앉았던 낙랑이 말끔히 쫓겨 나갔다.

9. 삼국이 벌어짐

낙랑이 쫓겨 나가자 고구려와 백제가 그 자리를 다투기 시작했다. 지금의 한강 · 대동강 사이에서 싸움이 끊인 적이 없었다. 이 동안에 지금의 경상도 땅에서 신라라는 새 나라가 일어나 두 틈을 비집고 들어와서 한강 상류 지방을 갉아 뜯기 시작했다. 이때로부터 다른 작은 나라들은 있어도 없는 것과 같았고, 진(震) 땅은 고구려 · 백제 · 신라 세 나라가 겨루는 마당이 되었다.

이 세 나라는 모두 2천 년쯤 전에 앞서거니 뒤서거니 생겨났다. 고구려는 동명성왕(東明聖王)이 지금의 압록강 건너 통거우(通溝) 부근 국내성(國內城)에서 세운 나라요, 백제는 온조대왕(溫祚大王)이 지금의 광주(廣州)인 한성(漢城)에 세운 나라요, 신라는 혁거세왕(赫居世王)이 지금의 경주인 금성(金城)에 세운 나라라 한다. 처음에는 다 조그만 고을이더니, 차츰 곁에 있는 작은 나라를 합하여 커진 것이다.

※ 동명(東明)은 일설에 추모(鄒牟) · 중모(仲牟) · 주몽(朱蒙) 등으로 쓴다. 오늘날 단어인 '츰'의 옛 형태를 표음한 것이니, 곧 시조(始祖)라는 뜻이다.

※ 온조(溫祚)는 상대(上代)의 뜻이요, 혁거세(赫居世)는 불구

국내성(중국 지안)
국내성은 평양으로 천도하기까지 400년 이상 고구려의 수도였다.

내(弗矩內)로 읽어서 신화 시대의 의미를 가진 것이다. 모두 전설상의 통례인 시대의 인격화로 봐야 한다.

제4장 삼국이 패권을 다툼

10. 고구려가 강대해짐

세 나라 가운데 국토가 먼저 커지고 세력이 가장 굳세어진 나라가 고구려이다. 백제와 신라가 한강 이남의 땅을 둘로 나누어 가졌을 때에, 고구려는 벌써 압록강을 가운데 두고 남북으로 각각 천 리나 되는 땅을 가졌다.

처음에 고구려는 반도 안으로 보다는 대륙 저쪽으로 뻗어 나가려 하였다. 이때 사방에서 마침 선비(鮮卑)라 하는 강대한 민족이 새로 일어났다. 힘을 마음대로 쓰기 어렵게 되자 고구려는 마침내 발길을 남쪽으로 돌려서 먼저 반도의 통일을 생각하게 되었다. 이 때문에 삼국의 패권 싸움이 더욱 야단스럽게 되었다.

11. 광개토왕

남을 이기려 하면 먼저 힘을 길러야 한다. 경쟁하는 마당에 나선 세 나라는 서로 실력을 튼튼하게 만들고자 죽을힘을 다했다. 그런데 고구려는 대륙으로 중국과 서역(西域)의 여러 나라와 붙어 있어 새로운 지식과 기술을 얻어 들여오기가 편리했다. 그 때문에 발달이 가장 빠르고 컸다.

373년경에 광개토왕이란 영웅이 태어났다(광개토왕은 그 비에 永樂好太王이란 호를 썼다). 그는 이 세력을 잘 써서 재위 22년 동안에 부여 · 옥저 · 예 등을 다 병합하고, 남쪽에서는 한강 이북을 다 차지하였다. 그 아들 장수왕(長壽王)이 뒤를 대어 서울을 압록강가에서 지금의 평양으로 옮기고, 더욱 신라와 백제를 내리 눌렀다.

동쪽에서는 태백산(지금의 경상도와 강원도의 경계에 있는 산이다)과, 중간에서는 속리산과, 서쪽으로는 아산만 이북의 땅을 고구려의 판도에 넣었다. 그 위엄이 남쪽 바다 건너의 왜(倭; 후의 일본)에까지 미쳤다.

이 결과로 백제는 서울을 지금의 광주(廣州)로부터 공주(公州; 熊津)로 옮겼으며, 얼마 뒤에 부여(所夫里; 또 泗沘)로 들어갔다.

12. 불교의 전래

고구려가 한창 외국의 진보한 문물을 받아들일 때에, 인도에서 중국으로 들어왔던 불교가 다시 우리나라로 전해져 왔다. 이때는 고구려 소수림왕 2년인 372년이다. 불교는 그때 중국에서 사상적으로 큰 세력을 가진 종교였다. 고구려가 중국에 대해 평화로이 교제를 해나갈 때에 불교는 매우 필요한 방편이 되었다.

불교가 고구려로 들어온 지 얼마 안 되어 불교가 백제와 신라로 차례로 전해졌다. 바로 이때에 해당하는 백제의 성왕과 신라의 법흥왕 · 진흥왕 대는 다 각기 그 나라의 중흥기였다.

불교가 들어온 시기를 전후하여 서역 먼 곳의 사상과 예술이 우리나라로 많이 들어왔다.

제5장 수와 당이 쳐들어옴

13. 수 양제의 대패

고구려는 뒤로는 여러 강한 이웃들을 데리고 앞으로는 신라 · 백제를 거느리면서 국민의 의기가 더욱 떨쳐서 위엄이 사방에 미쳤다. 그동안 중국에서는 오랫동안 남북이 갈려 여러 나라가 시끄럽게 지내고 있었다. 그러다가 수나라라는 새로운 나라가 생겨서 비로소 중국을 통일했다. 다만 북방으로 서쪽에는 돌궐(突厥)이 있고 동쪽에는 고구려가 있어서 걱정이 되었다. 그러는 가운데 고구려와 돌궐이 서로 교통하는 것을 알게 되자 더욱 마음을 놓지 못하였다.

고구려의 영양왕 23년(612)에 수나라 양제가 수군 · 육군 100만 대군으로 고구려를 침공하였다. 그러나 고구려는 워낙 대비를 잘하고 있었다. 을지문덕(乙支文德)이라는 명장이 나서서 수나라 군대를 대적하였다. 마지막 청천강 전투에서 수나라 군사를 거의 다 빠트려 죽이고, 불과 수천 명만이 겨우 목숨을 구해 도망해 가게 만들었다(청천강은 그때 薩水라고 불렀다). 수나라는 이로 말미암아 그 후 나라가 망하고 당나라가 대신 중국의 주인이 되었다.

14. 신라가 당을 업음

고구려와 중국 사이에 틈이 생기는 것을 보고 신라는 이 기회를 이용하여 단숨에 국력을 크게 높이려 하였다. 그리하여 안으로 제도를 바로잡고, 재력을 마련하고, 인물을 길러냈다. 동시에 밖으로 당나라에 대한 외교에 힘을 써서 그 국력을 빌어서 고구려를 누르는 것을 국가 정책으로 삼았다. 이렇게 신라인이 윗사람과 아랫사람이 마음을 하나로 합하여 애쓴 결과, 고구려에 대한 당나라의 감정이 은근히 안 좋은 쪽으로 변해갔다.

15. 당 태종이 패하여 돌아감

고구려도 당나라에 대해 일부러 전쟁의 단서를 만들고 싶지는 않았기 때문에 처음에는 당나라의 뜻을 거스르지 않으려 하였다. 그러나 당나라가 신라의 요청을 듣고 고구려가 신라에게 빼앗겼다가 도로 찾은 땅을 신라에 돌려주라는 말을 하자, 고구려에서는 그 억지스런 부탁에 심히 분개하여 당나라에 적의를 가지게 되었다.

한편으로 신라의 고자질이 매우 심하여 고구려 보장왕 3년(644)에 당나라 태종이 드디어 수군 · 육군 30만 대군을 거느리고 고구려를 침공하게 되었다. 이때 고구려에는 연개소문이라는 위인이 나라를 맡아서 허술한 틈이 없었다. 당나라 군대는 여러 곳에서 승리하지 못했으며 88일 만에 무수한 군사를 잃고 성과 없이 물러갔다.

제6장 신라의 통일

16. 김유신

당나라 태종의 군사가 헛되이 돌아간 뒤에 고구려가 신라를 더욱 누르고, 백제에도 무왕이라는 뛰어난 군주가 나서 신라의 국경을 집적거렸다. 이때 신라의 형세는 매우 위태롭게 되었다. 그러나 신라 국민은 더욱 허리띠를 졸라매고, 내정은 김유신(金庾信)에게 맡기고 외교는 김춘추(金春秋)를 내세워 비상한 활동을 계속해 나갔다. 그리하여 사정이 차츰 신라에 이롭게 되었다.

17. 백제를 멸망시킴

백제는 고구려와 사귈 수 없는데 신라는 당나라를 등에 업고 있었다. 그러자 형세가 외로워진 백제는 남쪽으로 일본과 손을 잡았

낙화암(충남, 부여)
백제가 나당 연합군의 침공으로 함락되자 궁녀 3천여 명이 이 바위에서 투신하였다고 한다.

다. 당시 일본은 고구려와 신라의 강한 군대가 바다를 건너올까 두려워하고 있었기 때문에 기꺼이 백제를 돕게 되었다. 그러나 일본의 힘은 그리 큰 것이 아니었기 때문에 백제는 아무 덕을 보지 못하고 국운이 점점 기울어져 갔다.

의자왕이 들어서 사치를 힘쓰고 주색을 일삼아 국력이 피폐하고 민심이 풀어졌다. 신라의 무열왕은 이 틈을 타서 백제부터 집어삼킬 것을 생각하고 당나라를 움직였다. 의자왕 20년(640)에 당나라 군사 13만 명을 빌어다가 백제를 멸망시켰다. 백제의 역대는 31왕에 678년이다.

18. 고구려 망함

백제를 멸망시킨 후 신라와 당나라의 연합군은 여러 해를 두고 해마다 고구려를 침공하였다. 그러나 번번이 연개소문에게 패배를 당했다. 그러자 오히려 고구려가 신라를 제거할 생각으로 한강 근처의 신라 땅을 공략하였다. 불행히 중도에 연개소문이 죽자 그 여러 아들들의 사이가 좋지 못하였다.

신라 무열왕의 아들 문무왕(文武王)은 이 기회를 놓칠 수 없다고 하며 고구려 보장왕 25년에 당나라 대군을 빌어다가 고구려를 쳤다. 고구려는 연개소문이 죽은 뒤에 집안싸움으로 말미암아 세력이 매우 줄어들었음에도 불구하고 3년 동안 적군을 막아냈다. 그러다가 마침 흉년이 들고 다른 자연 재해도 일어나 마침내 보장왕 27년(668)에 이르러 평양성이 깨지고 고구려가 멸망을 당했다. 고구려의 역대는 28세에 705년이다.

이렇게 백제와 고구려가 8년 동안에 앞서거니 뒤서거니 망하고, 신라의 손에 의해 한반도가 비로소 통일 국가가 되었다. 백제와 고구려의 은혜를 입은 백성들은 오래도록 나라를 되찾으려고 애썼

지만 마침내 성공하지 못했다. 그 옛 땅에는 한때 당나라에서 도독부(都督府)를 두고 중국 본토 사람을 벼슬시켜 다스리게 하였다. 그러나 신라에서 알게 모르게 그 땅을 집어삼켜, 얼마 후에는 대동강과 원산 이남의 한반도 전토가 완전히 신라의 판도에 들어가게 되었다.

제7장 발해의 따로남

19. 대조영

고구려의 서울인 평양성이 함락되어 남쪽에서는 나라가 무너졌으나 압록강 이북에는 항복하지 않은 성들이 많았다. 이에 고구려의 은혜를 입은 장수 대조영(大祚榮)이 이 성들을 수합하고, 또 고구려의 속민이던 말갈(靺鞨)의 여러 부족과 연합하였다. 그리고 백두산의 동북 쑹화 강(松花江)의 상류에 새 나라를 세우고 이름을 진(震)이라 하였다. 지방이 넓고 세력이 강하여 고구려가 강성했던 시절에 비해 크게 뒤지지 않았다. 당나라는 진을 발해(渤海)라고 불렀는데, 이것이 후세에 널리 부르는 이름이 되었다.

※ 말갈은 고어에 읍루(挹婁)라 하고 물길(勿吉)이라 하던 부족이니, 대략 지금 만주족의 선조이다.

20. 발해의 영토

대조영의 뒤를 이어 뛰어난 군주가 계속 나와 사방을 공략하였다. 그 결과로 발해의 영토가 북쪽으로 흑수(黑水)에 이르고, 서쪽으로 요수(遼水)에 걸치고, 남쪽으로 지금의 함경도 전지역과 평안북도 대부분 지역에 뻗쳤다. 그 안에 5경(京) 12부(府)를 두고, 지금의 영고탑(寧古塔) 서남쪽 지역의 동경성(東京城)에 있던 상경(上京)을 서울로 삼았다.

21. 발해의 세력

발해는 고구려의 문화를 계승하고, 또 당나라와 서역(西域)에서 새로운 문물을 들여다가 더욱 진보 향상에 힘써서 북방에서 처음 보는 높은 문명국이 되었다. 남쪽으로 바다 건너 일본, 서쪽으로 대륙 여러 나라와 무역에 힘써서 경제력이 자못 컸었다. 무력도 강대하여 모든 이웃을 누르고 지냈으며, 신라도 항상 발해를 두려워하였다. 발해는 698년 대조영이 건국한 후부터 약 250년 가량 수명을 누렸다.

제8장 신라의 전성 시대

23. 서울의 번화함

신라가 통일의 대업을 이룩하자 재물과 인재가 모두 중앙으로 몰렸다. 또 신라는 당나라를 사이에 두고서 그때 세계의 모든 문물을 빨아들였다. 신라 서울의 문화는 지극히 찬란하였고, 그 귀인의 생활은 대단히 호화롭고 사치스러웠다. 신라가 한참 강성할 시절에는 서울의 호수가 17만이 되어서 길이가 55리에 뻗쳐 있었다. 이것은 대부분 기와집이었으며 노래와 풍악 소리가 거기에 널리 퍼져 있었다고 한다.

24. 불교의 융성

신라에는 예로부터 '부루'라는 신도(神道)가 있어 국민의 신앙을 통일해 나갔다. 중대에 불교가 들어와서 불교도가 문화와 정치상에 공헌한 바가 많았다. 이로부터 불교 세력이 늘면서 '부루'의 종교적 의미가 엷어졌다. 이로 인해 풍월주(風月主)니 국선(國仙)이니 화랑(花郞)이니 하는 이름이 생겨 그 교단이 일종의 교화 기관을 이루었다. 더욱이 삼국 통일 당시에 불교인의 활동이 많았던 까닭으로 통일 후에는 불교 세력이 더욱 커져갔다. 또한 그 중에서 거룩한 인물이 많이 나서 그 지위가 더욱 무거워졌다.

의상(義湘)과 원효(元曉)는 다 삼국 통일 당시에 태어난 이름난 승려들이다. 이들은 나라 일에도 애를 많이 썼거니와 더욱 불교의 교리를 크게 밝혀서 이름이 천하에 높았다. 그중에도 원효는 어수선한 불교의 의미를 간략하게 줄이고 사찰 속에 숨겨져 있던 불교의 수행 방식을 일반 민중에게 전수하였다. 그리하여 우리에게뿐 아니라 세계 불교상에 처음 보는 개혁자가 되었다.

신라의 서울에는 몇 집 걸러 하나씩 사찰이 있었다. 그중에 큰 절도 많았으니, 황룡사(皇龍寺) · 분황사(芬皇寺) · 사천왕사(四天王寺) 등은 크기가 대궐과 같았다. 지방에도 이름난 곳에는 반드시 큰 절이 있었으니, 통도사(通度寺) · 해인사(海印寺) · 부석사(浮石寺) · 화엄사(華嚴寺) 등은 그 중에서 유명한 것이다.

신라 시대의 예술은 저절로 불교의 주위에 있었다. 지금도 전해지는 불국사의 건축과 석불사(石佛寺; 지금의 석굴암)의 조각은 그 의미와 솜씨로 크게 세계에 이름난 것이다.

※ '부루'는 또한 '붉'의 변형이다. 신라말에는 '풍월' 혹은 '풍류(風流)'라고 소리나는 대로 적었는데, 이는 이두(吏讀)식

청해진(전남, 완도)

표현이다.

24. 해상의 활동

신라의 융성한 국운이 삼국 통일 후 130년쯤 계속되었다. 그러다가 혜공왕 이후로부터 내란과 흉년이 연이어 일어나 국운이 차츰 기울기 시작했다. 제42대 흥덕왕 대에 장보고(張保皐)라는 위인이 있었는데, 지금의 완도에 청해진(淸海鎭)이란 기지를 설치했다.

장보고는 많은 배를 거느리고 중국과 일본 각지를 왕래하면서 활발히 무역을 하여 동방의 해상권을 한손에 차지하였다. 이로 인해 그의 재력과 위세가 한 시대를 덮었다. 이 동안에 신라의 국력이 매우 커져서 전일의 번영을 다시 보게 되었다. 장보고의 배에는 일본에서 신라로 오는 유학생이 항상 타고 있었으며, 또 일본인이 중국을 왕래할 때에도 대개 장보고의 선박과 주선에 의지하였다.

제9장 후삼국의 벌어짐

25. 경제력이 쪼그라듦

신라는 오랫동안 호화롭고 안일한 생활을 하여 인심이 풀어지고, 부당한 당나라 흉내와 과도한 불교 숭상으로 인해 재력이 고갈되어갔다. 그러던 중에 1050년경부터 흉년이 자주 일어나 백성들이 살 수 없이 되자, 지방에서 반역자가 많이 생겨 그 형세가 만만치 않게 되었다.

삼국 통일 전후로 당나라에 유학하는 것이 유행하여 거기서 큰 명예를 얻는 자가 더러 있었다. 그중에 최치원(崔致遠; 호 孤雲)은 12세에 당나라로 가서 18세에 과거에 급제하여 명성이 중국에 크게 떨쳤다. 신라에 돌아왔으나 세상은 이미 말세로 접어들어 포부를 실현하지 못하였다. 글을 짓고 구경 다니면서 세상일을 잊어버리자 사람들이 아까워하였다.

※ 최치원은 신라 헌강왕 때 사람이다. 당나라 희종 건부(乾符; 874~879) 연간에 과거 시험에 장원 급제하여 시어사내공봉(侍御史內供奉) 및 기타 여러 벼슬을 지냈다. 황소(黃巢)의 난이 일어나 고변(高騈)이 진압군을 거느리고 최치원을 불러 종사를 삼았다. 최치원이 그를 위해 「황소를 성토하는 격문」을 짓자 글을 잘 짓는다는 명성이 온 세상에 떨치게 되었다. 중국에서 지은 공문서를 모은 『계원필경집(桂苑筆耕集)』이 전한다.

26. 후백제와 후고려

지방의 반역 무리들이 서쪽에서는 견훤(甄萱)에게로 뭉쳐서 지금의 전주에 서울을 정하고 후백제라고 일컬었다. 북쪽에서는 궁예(弓裔)에게로 뭉쳐서 철원에 자리를 잡고 태봉(泰封)이라고 칭하였다. 궁예의 부하 장수 중에 왕건(王建)이란 자가 후백제와의 전투에서 승리하여 지위와 명성이 높았다. 그러자 궁예를 없애고 918

년에 궁예를 대신하여 왕이 되었다. 나라 이름을 고려(高麗)라 하여 고구려의 뒤를 이음을 나타내고 서울을 지금의 개성(송악)으로 옮겼다. 이가 고려의 태조이다.

27. 신라가 나라를 내놓음

이로부터 고려와 후백제 사이에 싸움이 끊이지 아니하였다. 서로 이기고 지는 경우가 있었으나 대세는 날로 고려에 이로워졌다. 그 동안에 견훤이 신라의 서울로 들어가서 왕을 죽게 하고 갖은 몹쓸 짓을 다하여 신라의 상하가 백제라 하면 이를 갈았다.

고려는 이 틈을 타서 신라의 왕실을 달래어 왕실이 번영을 누리게 하는 조건으로써 국권을 내어놓게 하였다. 한편으로 견훤의 부자를 이간질하여 그 아들로 하여금 견훤을 금산사(金山寺)에 잡아가두게 하였다. 그런 후에 고려는 후백제를 쳐서 멸망시켰다. 936년에 고려가 드디어 후삼국을 통일하게 되었다.

신라는 건국한 뒤로 박(朴) · 석(昔) · 김(金) 세 성이 임금 노릇을 돌려가며 하였다. 도합 56왕 992년을 지내고, 전삼국(前三國)을 통일한 지 268년 만에 나라가 없어졌다. 발해는 신라의 병합보다 10년을 앞서서 거란에게 망하고, 그 남은 백성이 많이 고려로 들어왔다.

제10장 상고의 문화

28. 태고

단군 시절은 물론이요 기자 시절의 중엽까지도 진(震) 땅의 거의 전부가 석기 시대였다. 석기 시대란 것은 온갖 그릇과 건물을 석재로 만들고, 목기 · 토기 · 골기(骨器) · 각기(角器)를 보조재로 쓰며, 아직 구리와 철을 이용할 줄 모르는 때를 말함이다.

기자 시절의 중엽에는 대개 쇠와 돌을 아울러 쓰는 시대였다. 그중에도 조선의 중심지(대동강 좌우)는 진작부터 동철기(銅鐵期) 시대로 들어갔으며, 치우쳐 있는 다른 곳에는 지금부터 2천 년쯤 전까지도 그대로 석기 시대를 벗지 못한 곳도 있었다. 지금 각처에 있는 고인돌과 선돌이며, 또 산과 계곡 사이나 강과 개울 가에서 줍는 돌검 · 돌도끼 · 돌화살촉 등은 다 석기 시대의 유물이다.

입석리 선돌(충북, 제천)
우리나라 지명 중 입석리라 칭하는 것은 마을 어귀에 대부분 선돌이 있기 때문이다.

29. 신앙과 풍습

진(震) 땅에는 옛날부터 '붉은'이란 신도(神道)가 있어서 태양을 하느님이라 하여 높여 섬겼다. 옛날의 임금은 대개 이 신도의 어른으로서 백성을 다스리던 사람이니, 단군은 실로 이러한 지위를 가지신 어른의 최고 명칭이다. 이 신도를 위하여 1년에 한 번씩 10월에 온 국민이 모여서 하늘에 제사를 드리는 천제(天祭)의 대회를 열었다. 한편으로 나라의 큰일을 여기서 처리하고, 다른 한편으로 여러 가지 놀이를 베풀어 며칠씩 즐겼다.

이것을 부여에서는 영고(迎鼓)라 하고, 고구려에서는 동맹(東盟)

이라 하고, 예(濊)에서는 무천(儛天)이라 하고, 한(韓)에서는 불거내(弗矩內)라고 일컬었다. 한편 흰 옷을 좋아함은 부여로부터 그러하였으며, 온돌의 법은 고구려로부터 시작된 것이다.

※ '붉은'이 뒤에 시대와 지방에 따라 혹 '부루'로 변하기도 하고, 혹 '부군'으로 잘못 전해지기도 하였으며, 혹 한문의 백(白) 자를 쓰기도 하고, 불교의 팔관(八關)이라는 성어를 빌려 쓰기도 하여 단어의 소리와 글자의 모양이 여러 가지로 변하였다.

30. 신라와 조선 문화

조선 사람이 민족으로 하나가 되어 동일한 국토를 지니고 동일한 언어와 습속을 전해 내려오기는 통일 신라에서부터 비롯된 것이다. 그러므로 오늘날 우리 사회의 기초와 문화의 핵심을 찾아보면 그 끝이 대개 신라에 가서 줄이 닿음을 본다. 정월 보름과, 2월 영등과, 3월 삼질과, 4월 파일과, 5월 수릿날과, 6월 유두와, 7월 백중과, 8월 가위와, 10월 상달 등의 명절은 다 신라 시대부터 숭상해 오던 것이다.

조 선 역 사 강 화

중고

제11장 고려와 거란

31. 고구려 회복의 이상

고려 태조가 삼국 통일의 대업을 이룩한 다음, 힘써 이전 왕조의 폐해를 없애고 참신하고 간소한 정치를 행하여 국력과 민기(民氣)를 기르기에 힘쓰며, 더욱 고구려의 옛 땅을 회복하는 것을 나라의 정책으로 삼고, 북방에서 새로 일어난 거란에 대항하기 위하여 정신과 물질 두 쪽으로 여러 가지 준비를 하였다.

태조가 죽자 자손이 그 정신을 받아서 혹 군비를 충실하게 하고, 혹 중국의 새 나라인 송나라와 더불어 교제를 힘썼다. 그리하여 태조로부터 4대 약 40년 만에 성종의 때에 이르러 제도가 정리되어 국가의 면목이 새로워졌다. 그러나 나라의 정세를 돌아보지 아니하고 중국의 제도를 그대로 본떠 와서 폐단이 또한 적지 아니하였다.

32. 거란

거란은 선비(鮮卑)의 일족으로서 고구려 말기에 그 서쪽 방면의 요수(遼水) 상류에 살았다. 태조 왕건이 건국하기 조금 전에 부쩍 강대해져서 발해를 삼키고 거기에 동단국(東丹國)을 만들고 아들 하나를 보내어 다스리게 하였다. 이로부터 고려와 거란이 경계를 접하여 불안한 공기가 그 사이에 서렸다. 이즈음 태조 20년에 거란은 국호를 요(遼)라고 고쳤다.

33. 서희와 강감찬

고려는 국초로부터 요나라에 대해 크게 적개심을 보였으나 요나

서희 동상
(경기, 이천 설봉공원)

라는 한창 중국의 내지를 공략하는 중이므로 모른 체하였다. 송나라와 요나라가 전쟁을 벌이자 고려는 항상 송나라 편을 들었다. 그러자 성종 12년(993년)에 요나라 성종이 소손녕(蕭孫寧)으로 하여금 80만 대군을 거느리고 고려를 공격하게 하였다. 소손녕은 청천강 근처로 들어와서, 고구려의 옛 땅은 신라를 대신한 고려가 차지할 것이 아니라며 내어놓으라고 하였다.

고려 왕은 서경(西京)으로 나가서 방어를 하였다. 한편으로 중군사 서희(徐熙)를 거란 진영으로 보내, "고려는 고구려의 뒤를 이은 나라로서 옛 영토를 되찾기를 원하고 있다. 따라서 요나라가 그 땅을 고려에 돌려줘야 한다."고 요구하게 하였다. 그리하여 서희가 요나라를 굴복시키고 여러 번 옥신각신하였다. 마침내 고려가 요나라 연호를 쓰기로 하고, 그 대신 요나라는 압록강 동쪽을 완전히 고려에 돌려주기로 협정하고 강화를 맺었다.

그러나 이 뒤에도 고려는 쉬지 않고 북진 정책을 추진하고, 또 송나라와 계속 좋게 지냈다. 그러자 17년 만에 요나라 성종이 40만 대군으로 다시 고려를 침공해 왔다. 고려 왕은 나주로 피난하고 적군은 개경까지 들어왔다가 도순무사 양규(楊規)에게 대패를 당하고 물러났다. 또 요나라는 8년 만에 소배압(蕭排押)으로 하여금 20만 대군으로 고려를 공격하게 하였다. 그러나 요나라 군은 서북면 행영도통사 강감찬에게 대패를 당하고 겨우 수천 명을 남겨 가지고 돌아갔다.

이 뒤에도 요나라가 여러 번 고려를 침공해 와서 집적거렸으나 별 수가 없었다. 이런 가운데 고려도 나라가 피폐하게 되자 요나라 뜻을 거스르지 아니하였다. 그리하여 9백 년쯤 전으로부터는 요나라 쪽의 걱정이 없어졌다. 이 동안에 발해의 남은 백성들이 기회 있는 대로 고국을 흥복(興復)하려 하여 정안국(定安國)·흥요국(興遼國)·대원국(大元國) 등을 세웠으나 다 공을 이루지 못하였다.

제12장 여진과의 관계

34. 여진

발해의 속민이던 말갈인이 후에 여진(女眞)이란 이름으로 고려의 동북 국경, 지금 함흥 이북에 몰려 살면서 고려를 부모의 나라라 하여 조공을 바치고 지냈다. 지금부터 9백 년쯤 전에 고려와 거란이 피폐한 틈을 타서 여진이 세력을 늘려 자주 고려 변방을 침공해 들어왔다. 고려가 이를 귀찮게 여겨 압록강 입구로부터 정주를 거쳐 정평의 도련포에까지 돌로 장성을 쌓고 그 침입을 방비하였다. 그럼에도 오히려 고려는 베개를 높이 하고 편안히 잘 수 없었다.

35. 윤관의 9성

그래서 고려는 일대 정벌을 행하여 화근을 뽑아 버릴 양으로 오래 준비를 하였다. 예종 2년(1107)에 윤관(尹瓘)을 도원수로 삼아 17만 대군을 거느리고 장성을 넘어서 여진인을 치게 하였다. 여진인이 크게 두려워하여 멀리 도망하였다. 고려는 지금 함흥 저쪽에 영주·웅주·복주·길주 이하 9성을 쌓고, 남방의 백성을 데려다가 거기 살게 하였다. 이 때문에 고려의 동북 영토가 많이 늘었다.

「척경입비도」(고려대학교 박물관)
고려 시대에 윤관이 9성을 쌓은 것을 그린 조선 후기 작품이다.

36. 요와 금과 송

그러나 여진의 세력은 즉시 회복되었다. 아구다(阿骨打)가 그 부장이 되자, 요나라의 쇠미한 틈을 타서 여진의 여러 부족을 통일하였다. 고려 예종 10년에 황제를 일컫고 서울을 지금의 지린(吉林)에 두고 국호를 세워 금(金)이라 하였다. 그리하여 송나라와 힘을 합하여 요나라를 멸망시켜 버렸다. 이로부터 고려가 도리어 여진을 상국(上國)으로 대접하게 되었다.

요와 송과 금이 한참 팽팽하게 경쟁할 때에 그 요충지에 있는 고려의 지위가 자못 중대하였다. 따라서 고려가 진실로 실력과 지도자가 있었더라면 고려의 국운이 한없이 비약할 수 있었을 것이다. 그러나 고려는 이 좋은 판에 겨우 압록강 방면의 약간 토지를 늘리는 소득을 얻었을 뿐이었다.

제13장 고려의 병폐

37. 불교의 폐해

이때의 고려는 워낙 거란과 여진에게 2백 년 가까이 시달림을 당하여 진땀이 빠진 데다가 내부에도 여러 가지 결함이 있어 더욱 기운을 쓰지 못하였다. 무엇보다도 종교의 폐단이 가장 큰 문제였다. 신라 이래로 불교의 지위가 높았고, 더욱 고려에서는 불교가 왕실과 깊은 관계를 맺어 권력을 지니게 되었다.

사원과 승도가 분수없이 늘어 재용이 낭비되고 놀고먹는 백성이 많아졌으며, 또 외환과 내우에 인심이 불안해질 때마다 왕실이나 민간에서 기도가 성행하여 국력을 소모함이 컸다. 이처럼 형식만을 위하는 불교는 고려의 국력과 민심을 약하게 만든 큰 원인의 하나였다.

다만 불교를 성대하게 숭상함을 인하여 왕실과 민간이 힘을 합하여 오랫동안 불교 서적 가운데 좋은 것을 천하에서 모아들였다. 현종 12년(1021)부터 전후 60여 년 동안 공을 들여 『대장경(大藏經)』 6천 권 가까이를 판각하였다.

그 뒤를 이어 문종의 왕자로 출가하여 승려가 된 대각 국사(大覺國師) 의천(義天)이 다시 요나라와 송나라와 일본 등에서 불전의 주역서를 모아 들여서 선종 3년(1086)부터 시작하여 『속대장경(續大藏經)』 4700여 권을 간행하였다. 이는 세계 문화사상에 대서특필할 사업이다.

> ※ 대장경이란 것은 불교의 표준이 되는 서적을 모은 총서를 일컫는 이름이다. 그 판각은 고려보다 좀 먼저 중국의 송나라에서 이루어졌으나 여러 가지로 결함이 많았다. 고려의

신판(新版)은 권수로나 내용으로나 판식으로나 매우 완전한 공을 거둔 것이었다. 따라서 전에도 없었을 뿐 아니라 어느 의미로는 후에도 다시없는 문화유산이다.

38. 문약

고려가 처음 일어나매 태조가 강건하고 질박한 기풍을 크게 고취하였다. 그러나 신라 이래로 문아(文雅)를 숭상하는 풍조가 인심에서 사라지지 아니하였다. 그래서 광종 9년(958)에 문학으로 인재를 뽑게 된 후로부터 차차 문(文)을 중시하고 무(武)를 경시하고 수고로움을 피하고 편안함을 좋아하는 나쁜 풍조가 일반에 퍼지게 되었다. 더욱 상류 사회에서 송나라를 닮으려 하는 열기는 신라인의 당나라에 대한 모방 풍조보다 심하여 국민 정신의 퇴폐를 걷잡을 수 없었다.

유학과 한문의 발달이 문종조에 이르러 현저해짐에 따라 국학(國學) 이외에 사학(私學)이 곳곳에 생겨났다. 그 중에 최충(崔沖)이 세운 학당이 가장 저명하였다. 한편 서적의 수집을 크게 숭상하여 천하의 진귀한 서적들이 다 고려로 몰렸다. 중국에서 당나라 말기의 난리 통에 없어진 고서를 고려에서 얻어 가는 것이 적지 않았다.

※ 국학이란 것은 국가에서 설치한 교육 기관이니, 서울에는 국자감(國子監), 후에 성균관(成均館)이란 최고 학부가 있고, 지방에도 다 향학이 있었다.

39. 내홍

불교 폐단과 문약 외에도, 가뜩이나 백성의 기상이 까부라지는 가운데 예종이 죽고 인종이 들어서면서부터 권신(權臣) 간에 다툼이 끊이질 않았다. 또 권신들이 제멋대로 권세를 휘두르는 경우가 많아서 조정 안의 일이 머리를 싸맬 지경이었다. 그 때문에 드디어 다른 데로 미칠 겨를이 없었다.

제14장 최씨의 집권

40. 대위국

이렇게 상하가 혼탁하고 문란하여 인민의 생계가 결단나고 국가의 이상이 없어지려 하매, 여기에 깊은 감개를 가지는 자가 인민들 가운데서 생겨났다.

고려인에게는 옛날부터 명당을 도읍지로 삼으면 36국이 와서 조공을 바칠 것이라는 신념이 있었다. 서경(西京) 평양의 승려 묘청(妙淸)과 점쟁이 백수한(白壽翰)이 이 신념으로써 왕을 움직였다. 그들은 왕을 서경으로 데려다가 묘청의 '신국운동(新國運動) 갱시일신(更始一新)'의 계획을 진행하려 하였으나 반대파에게 막혀서 뜻을 이루지 못했다.

인종 13년(1135)에 저희끼리 평양성에 웅거하여 나라를 세워 이름을 대위(大爲)라 하고, 연호를 천개(天開)라 하고, 순수히 민중적으로 새 세상을 만들어 보려 하였다. 그러나 준비가 적어서 계획이 착착 추진되어 나가지 못했다. 변란 발생 소식이 이르자 조정에서 김부식(金富軾)을 원수로 삼아 치게 하여 1년 만에 무너지고 말았다.

41. 문신과 무신의 알력

인종의 아들 의종이 아첨꾼을 가까이하여 놀고 즐기는 것을 일삼고, 또 문신을 가까이하여 무신을 업신여기자 무신들의 불평이 쌓여 갔다. 의종 24년(1170) 8월 연복정 놀이 끝에 대장군 정중부(鄭仲夫)가 난을 일으켜 문신을 모조리 죽이고 의종을 내치고 그 아우를 왕으로 세웠다. 이로써 정권이 온통 무신의 손에 들어갔다.

그러나 문학이 쇠퇴하고 도의가 무너져서 역신(逆臣)과 반장(叛將)이 계속 나왔다. 조정에는 무신끼리의 정권 쟁탈전이 아주 짧은 기간에 자주 일어났다. 그러다가 명종 26년(1196)에 최충헌(崔忠獻)이 정중부의 여당을 말끔히 치움에 따라 국면을 일신하게 되었다.

42. 최씨의 전제 정치

최충헌이 권세를 잡자 사병(私兵)을 기르고 가신을 두어서 크고 작은 정무를 집에 앉아 처리하였다. 무신의 권력이 이에 이르러 극에 달하였다. 권력을 장악한 24년 동안에 4왕을 세우고 2왕을 폐하여, 왕은 다만 실속 없는 자리를 지킬 뿐이요 최충헌을 신하의 예로 대접하지도 못하였다.

최충헌으로부터 4세 60여 년간을 최씨가 계속 집권하였다. 여러 가지 폐해도 있었으나 이 때문에 무신들 사이의 집안싸움이 그치고 통일된 방침을 세워 이전에는 결코 없었던 외환(外患)에 대처하게 되었다.

제15장 몽고의 화(禍)

43. 몽고

최씨가 나라의 정사를 전횡하기는 했으나 정사를 간소하게 처리했다. 그래서 호화롭게 치장하던 병폐가 벌써 고쳐지고 국가의 원기가 다시 살아나는 듯하였다. 그러나 때마침 북방에 몽고라는 새 세력이 일어나서 외적의 침범을 걱정하게 되었다. 그 때문에 다른 정신을 차리지 못하게 되었다.

몽고는 현재 외몽고의 오논 강(斡難河)을 점령하고 요나라와 금나라를 섬겼다. 1206년 테무진이란 자가 사방을 정복하여 칭기즈칸이 되었다. 그 아들 오고타이에 이르러 금나라를 멸망시키고 드디어 대국을 이루었다. 이것이 고종 21년(1234)의 일이다.

※ 칭기즈 칸은 강성한 군주를 뜻한다고 한다. 몽고가 일어나매 동방의 정세가 온통으로 흔들렸다. 고종 초년으로부터 금나라의 반란군 장수인 포선만노(蒲鮮滿奴)의 동진국(東眞國; 현재 간도)과 거란의 유민인 야불사(耶不斯)가 세운 대요수국(大遼收國; 현재 만주의 농안 부근) 등이 여러 번 고려를 침공하였다. 그러나 김취려(金就礪) · 김희제(金希磾) 등의 명장이 있어 번번이 평안함을 얻었다.

44. 강화도로 들어감

고종 18년(1231)부터 몽고의 화(禍)가 차차 커졌다. 최충헌의 아들 최우(崔瑀)가 몽고군이 수상전에 약함을 이용하여 왕을 끌고 강화도로 들어가 살았다. 이후 30년 동안에 몽고가 대군으로 침입한

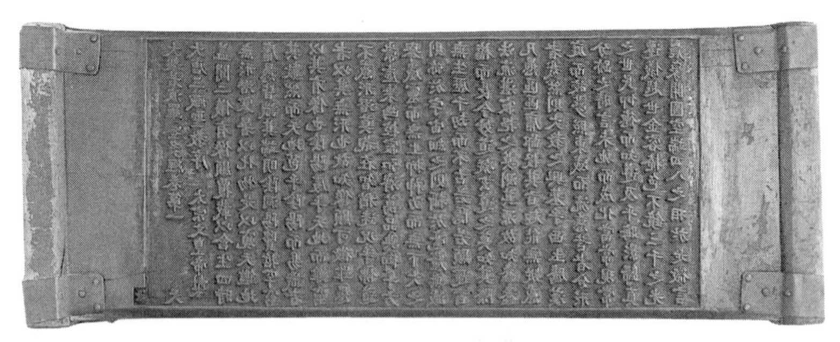

해인사 대장경판
해인사에 소장된 대장경은 흔히 『팔만대장경』이라 한다.

것이 전후 여섯 번이요 그 말굽이 남으로 경주에까지 미쳤다. 그러나 몽고는 항상 강화도 건너편 기슭에 와서 육지로 나올 것을 재촉할 뿐이요 강화도 내의 한 자의 땅도 밟지 못하였다.

45. 고려 문화의 정점

고종 시대 40여 년간은 가장 심하게 남에게 몰려 지낸 시기요, 또 그 3분의 2를 강화도에 가서 틀어박혀 살았다. 그렇지만 얼음과 눈 속에서 매화가 피는 것처럼 고려의 문화는 고종의 전후에 가장 화려하게 꽃이 피었다.

고려 문화의 큰 자랑은 활자이다. 현재까지 알려진 바로는 고종 21년(1234)에 『고금상정예문(古今詳定禮文)』을 인쇄한 것이 최초의 사례이다. 이는 서양보다 약 220년이나 앞선 것이다.

현종조의 대장경판(大藏經板)은 고종 19년(1232) 몽고 침략 때 불에 타버렸다. 이것을 고종 23년(1236)부터 다시 판각에 착수하여 16년 만에 6,500여 권, 17만여 면을 완성했다. 이것이 현존하는 세계 최고 최선의 경판으로 유명한 '고려판 대장경(高麗板大藏經)'이란 것인데, 지금 가야산 해인사에 있다.

고려 자기는 그 안료의 신비함과 수법의 정묘함으로써 세계에

짝이 드물다 할 것인데, 그 가장 우수한 제품은 대개 강화도 시절에 만든 것이다. 또 강화도에서 고려 상류 사회의 생활은 지극히 호화롭고 사치스러웠다. 음악 · 가면극 · 격구(擊毬) 등 오락과 팔관회(八關會) · 연등(燃燈) 등 의식이 또한 강화도에서 가장 성행하였다.

※ 서양에서는 1450년경을 활자 창조의 연도로 잡고 있는데, 고려 고종 21년은 1234년에 해당한다.

제16장 원과의 관계

46. 몽고의 보호를 받음

최씨의 몽고에 대한 대책은 가만히 물러 나와서 그 군사를 늘리는 것이었다. 그러나 몽고도 30~40년을 두고 끈질기게 손을 떼지 아니하고 늘 귀찮게 굴었다. 이 때문에 민생이 크게 곤궁해져서 최씨의 정책을 차차 괴롭게 여기게 되었다.

고종 45년(1258)에 최씨가 거꾸러지고 정권이 오래간만에 왕에게로 돌아왔다. 드디어 고종은 몽고에 굴복하기로 결정하고 태자를 보내어 강화를 청하였다. 몽고 왕 쿠빌라이가 이를 뜻밖의 일로 생각하여 두텁게 대우하고, 고종의 부음이 이르자 부하들로 하여금 태자의 일행을 모셔다 주게 하였다. 이렇게 즉위한 이가 바로 원종(元宗)이다. 이후 고려는 여러 번 곡절을 거쳐 마침내 몽고의 보호국이 되었다. 몽고군이 물러가고 원종 11년(1270) 도읍을 다시 개경으로 옮겼다.

47. 일본 정벌

원종이 육지로 나오던 이듬해에 몽고가 수도를 연경(燕京; 지금 베이징)에 정하고 국호를 원으로 고치고 고려와 함께 일본을 정벌하기를 꾀하였다. 고려에서도 고종 이래로 왜구에게 연해 지방이 성가심을 받던 터였기 때문에 여기에 동의하였다.

수년 동안 준비를 한 후 원종이 죽고 충렬왕(忠烈王)이 즉위하던 해(1274) 10월에 김방경(金方慶)으로 하여금 전함 9백 척에 여몽 연합군 3만 3천을 싣고 합포(合浦; 지금 마산 부근)에서 떠나 대마도(對馬島)와 오키도(壹岐島)를 차례로 무찌르게 하였다. 여몽 연합군이 지금 규슈(九州)의 북쪽 해안으로 달려들어 하카다(博多)를 점령하자, 그 나라 안이 떨면서 소란하여 어찌할 줄을 모르고 다만 기도를 일삼았다. 10월 20일 밤에 바람과 비가 크게 일어나 여몽 연합군의 전함이 반이나 가라앉았기 때문에 드디어 아무런 공 없이 군사를 돌렸다.

이 뒤 7년 만에 규모를 크게 하여 다시 연합군을 만들어 일본을 쳤다. 그러나 여름이라 질병이 크게 유행하고, 또 대풍을 만나서 사람과 배를 많이 잃고 전과 같이 아무런 공이 없이 돌아왔다. 세 번

합포성 터(경남, 창원)
합포는 여몽 연합군의 일본 정벌 출발지였다.

째 출정을 준비하다가 원나라 세조 쿠빌라이가 죽으매 그만 집어 치웠다.

48. 고려의 피폐

충렬왕 이후로는 국왕이 대대로 원나라 공주에게 장가들어 원나라 서울에 별도의 저택을 두고 거기 많이 있었다. 그러자 국정이 나날이 어그러지고 민심이 더욱 풀어졌다. 국왕이 고려와 원나라를 오고 가느라, 원의 사신이 고려에 와서 토색질을 해대느라 고려의 국가 재정이 다 들어갔다.

한편 나라의 기강이 해이하여 각 궁의 하급 관리들과 지방 향리들이 권력을 등에 업고 토지를 겸병하였다. 그러자 인민의 생계가 또한 말 못할 정도로 되어가서 고려의 피폐가 점점 극단으로 치달아 올랐다. 이렇게 인민의 생활이 어려워지는 데도 불구하고 아랫사람과 윗사람이 염치를 돌보지 아니하였다. 이로 말미암아 고려의 국가 경제와 도덕이 두 방향으로 다 파산할 위기에 처하였다.

이 동안에 몽고의 풍속이 저절로 고려에 많이 옮아왔다. 또 원나라의 판도는 유럽과 아시아에 걸치고 그 조정에는 세계 각국 사람들이 와서 벼슬 살고 있었으므로, 먼 서방의 문물도 원나라 서울을 거쳐 고려로 들어온 것이 적지 아니하였다.

제17장 홍두적과 왜구

49. 공민왕

충렬왕 이후로는 원나라에 사위 노릇 하는 덕에 6대 70여 년간 겨우 평안하였다. 1351년에 공민왕이 즉위하여 원나라의 찌그러져 감을 보고 국가의 중흥에 뜻을 두었다. 그리하여 원나라 풍속을 부셔내고 원나라 연호를 쓰지 아니하고, 또 압록강과 두만강 방면의 아직 차지하지 못한 토지를 거둬들이는 등 여러 가지 일을 하였다.

공민왕의 이러한 활약을 물론 원나라가 좋아하지 않는 바였다. 그러나 이때는 원나라가 이미 쇠망할 지경에 들어서 한탄할 기운이 없었고, 또 내란이 일어나면 고려의 원병을 얻어 가는 터였기 때문에 알고도 모르는 체하였다.

50. 홍두적

원나라 말년에 반란의 무리가 사방에서 일어난 가운데 북방에는 홍두적(紅頭賊)이란 무리가 가장 유력하였다. 홍두적은 원나라에 쫓겨 공민왕 10년(1361) 10월에 그 무리 10만여 명이 고려로 침입하여 절령(岊嶺; 현재 서흥의 자비령)을 넘어 들어왔다. 국왕이 복주(福州; 현재 안동)로 피란하고 홍두적은 개경으로 들어와서 몇 개월 동안 분탕질을 하였다.

마침내 홍두적은 총병관 정세운(鄭世雲), 도원수 안우(安祐)에게 패하여 태반이 죽었고, 그 나머지는 압록강을 건너 돌아가다가 원나라 군대에 패하여 대란이 평정되었다. 그러나 궁궐과 마을이 다 전쟁의 피해를 당해 불탔기 때문에 국왕은 상주 · 청주 등지를 돌아다니다가 이듬해 2월에야 서울로 돌아왔다.

51. 왜구

홍두적의 난리 후에 소소한 내란도 있었고 또 여진의 근심도 없지 아니하였지만, 이때의 가장 큰 걱정은 실로 왜구의 창궐함이었다. 왜구가 연해에 있는 군현은 물론이거니와 그 걱정이 차차 북으로 밀려왔으며, 강화 · 교동 · 승천부(昇天府; 현재 풍덕)와 같이 개경에 아주 가까운 곳에까지 들어왔다. 왜구들은 지나는 곳에서 재물만 빼앗아 가는 것이 아니라 부녀자와 어린아이들을 죽여 버리므로 전라도와 양광도(楊廣道; 현재 경기도)의 해변 고을이 텅 비기에 이르렀다.

이때 고려는 오래 평안에 젖고 군비가 허술했기 때문에 왜구와 맞서 싸워서 패하지 아니하는 자가 없었다. 그러나 오직 최영(崔瑩)과 이성계(李成桂)는 싸우면 반드시 이겨서 이들의 힘으로 남방이 다시 살게 되었다. 이러므로 두 사람의 명성이 누구보다도 무거웠다.

공민왕은 본래 타고난 성품과 바탕이 빼어나 처음에는 국운을 돌리기에 자못 노력하였다. 그러나 여러 번 화란을 치르면서 마음이 약해졌고, 또 권신의 전횡에 데어서 중년 이후에는 승려 신돈(辛旽)을 기용하여 국정을 맡겼다. 그러자 신돈이 충성스럽고 어진 신하들을 몰아내고 국정을 혼란하게 하였다. 공민왕은 마침내 신돈이 반역을 꾀함을 보고 정치에 대한 생각이 더욱 멀어져 권태로움을 느끼게 되었다.

제18장 고려의 쇠망

52. 명나라 일어나다

공민왕 17년(1368)에 금릉(金陵; 현재 난징)을 차지했던 주원장(朱元璋)의 군사가 베이징으로 달려들어 원나라를 몰아냈다. 주원장이 금릉에서 황제의 자리에 오르고 국호를 명이라 하였다. 원나라는 쫓겨서 상도(上都; 현재 카이펑)로 갔다가 다시 응창(應昌; 내몽고 達里泊 근처)으로 옮겼는데, 이것을 북원(北元)이라고 일컫는다. 공민왕은 23년에 죽고 우왕이 뒤를 이었다.

53. 최영과 이성계

100년 동안이나 북방의 중요 근심거리였던 원나라가 별안간 쪼그라들고 서투른 명나라가 대륙을 차지하고 앉았다. 고려의 조정에서는 국가 정책을 어떻게 정해야 할지 몰라 의론이 분분하였다. 더욱이 고려 조정에서 가장 명성이 높은 최영과 이성계 두 사람이 여기에 대해 의견이 일치하지 아니하였다.

최씨는 일찍 구원병을 데리고 원나라로 간 적이 있어서 당시 중국의 내정을 잘 알고 있었다. 그가 말하기를 "원나라와 명나라의 형세가 아직 결판난 것은 아니다. 그러므로 마땅히 원나라를 등에 업고 명나라를 누르면서 이 기회에 요동으로 진출하여 국운을 새롭게 해야 한다."고 하였다. 이에 대해 이씨는 "명나라가 이미 중원을 얻었으니, 우리는 대세에 응하여 원나라를 대하던 태도를 옮겨서 명나라를 대하면 그만 편할 것이다. 구태여 위험을 무릅쓸 것이 무엇이냐."고 하며 반대하였다.

54. 위화도 회군

명나라는 정도 들기 전에 계속 고려에 대해 달라는 것이 많았다. 그뿐 아니라 압록강의 지류인 파저강(波豬江; 지금의 佟佳江) 변에 철령위(鐵嶺衛)를 세우고, 고려가 4백 년간 노력을 기울여 겨우 거두어 가진 압록강 유역을 가지려 하였다.

그러자 최영이 이제는 참을 수 없다 하여, 우왕 14년(1388년) 4월

선죽교(경기, 개성)
정몽주가 이성계를 문병하고 오다가 이방원(태종)이 보낸 조영규 등 4, 5인에 의해 피살된 곳이다.

에 명나라 정벌을 위한 군사를 일으켰다. 최영은 스스로 팔도 도통사(八道都統使)가 되어 국왕과 더불어 평양으로 나아가 앉고, 조민수(曺敏修)를 좌군도통사, 이성계를 우군도통사로 삼아 군사 5만 명을 거느리고 뗏목을 붙여 만든 다리를 놓아 압록강을 건너서 요동을 취하게 하였다.

이 사이에 이성계 일파는 음모를 꾸몄다. 그들은 대군으로 하여금 압록강의 위화도에 이르러 다시 전진하지 않도록 하고, 조민수를 달래어 장마철에 강물을 건널 수 없다는 핑계를 대며 제멋대로 회군을 결행하였다. 대군이 6월 초하루에 개경 근교로 들어와서 협박을 가하여 최영을 고봉(高峰; 지금 고양)으로 귀양 보내고, 국왕을 교동으로 내쳤다가 죽였다. 허울 좋게 왕을 세웠으나 천하는 이미 이씨의 손에 들어갔다.

이로부터 이씨가 안으로는 국왕의 폐위와 관료들의 임명과 해임을 마음대로 하고, 밖으로는 명나라의 환심을 사기에 힘써서 4년 만에 모든 준비가 완성되었다. 공양왕 4년(1392)에 마지막 반대당의 유력자인 정몽주를 죽이고 7월에 군신이 추대하는 형식을 거쳐 이성계가 왕위에 올랐다. 이성계는 구왕을 내치고 국호를 아직 고려로 쓰다가 이듬해에 비로소 조선이라고 고쳤다. 고려는 이렇게 34왕 475년 만에 음모로써 얻었던 나라를 음모에 빼앗겼다. 신라의 항복을 받은 때로부터 457년 만이다.

제19장 고려의 사회와 문화

55. 사회

고려 시대는 조선 사회의 발달상에 자못 의미가 깊었다. 첫째, 신라의 민족 통일은 남방에 치우쳐서 지역으로 봐도 원산 · 평양을 넘지 못했었던 반면, 고려는 북방을 근거로 하여 흥기하였다. 고려는 멸망하기 전까지 근 5백 년 동안에, 비록 고구려의 옛 영토를 다 찾지는 못하였으나, 그 심한 수난을 당하는 중에도 오히려 두만 · 압록 두 강의 가에까지 국토를 넓혀 나갔다. 또한 신라에서 떨어져 나갔던 고구려와 그 계승자인 발해의 북방 동족을 거둬서 종족의 단합을 완성한 것은 다 주목할 만한 일이다.

둘째, 신라 시절까지 귀족들과 해외에 드나든 일부 소수인 외에는 성씨가 없었던 반면, 고려 초에 이르러서 서민도 차차 성씨를 일컫게 되었다. 이는 중국 문물의 경향에도 말미암은 것이겠지마는 또한 사회 발달의 추세일 것이다.

셋째, 우리의 백 가지 병의 근원은 그 원인을 캐어 보면 몹시 가난한 데서 시작되는데, 이 몹쓸 것도 실상은 고려로부터 내려오는 것이다.

56. 제도와 사상

성종조에 중국의 제도를 참작하여 중앙에는 재상의 아래에 이부 · 병부 · 호부 · 형부 · 예부 · 공부 등 6부와 모든 관청을 두어서 서무를 분담케 하고, 지방에는 관내(關內) · 중원 · 하남 · 강남 · 영남 · 영동 · 산남(山南) · 해양 · 삭방(朔方) · 패서(浿西) 등 10도의 밑에 주현을 나누어 두어 백성을 다스리게 하였다. 이 제도의 뼈다귀는 이씨 조선에까지 전해졌다.

건국한 지 얼마 안 되어 광종 7년(956)에 중국과 같이 과거법을 베풀어 문장 능력을 시험하는 제술과(製述科)와 경전 지식을 시험하는 명경과(明經科) 등으로 인재를 취하여 입신(立身)하고 영달(榮達)의 문로를 삼았다. 이것도 그대로 이씨 조선에 전해졌다. 이밖에 조선의 제도와 전례가 많이 고려에서 시작하여 후세에까지 내려갔으니, 대개 우리나라에 있던 국가의 법제가 고려에 이르러 비로소 정비되었기 때문이다.

또한 조정에 있어서 문관을 높이고 무관을 낮게 여기는 사상과 상하 일반의 치료하기 힘든 폐단이 된 풍수의 미신이 다 고려에서 생긴 것이다. 유교는 문종조(1046~1083) 때 최충(崔沖)의 공으로 크게 일어났으나 중간에 사그라지고, 충렬왕 말에 회헌(晦軒) 안유(安裕)가 나와서 이를 부흥하였다.

안유의 문인 국헌(菊軒) 권보(權溥)가 주자의 『사서집주(四書集註)』를 간행하여 송학(宋學)을 앞장서서 외치더니, 고려 말년의 포은(圃隱) 정몽주(鄭夢周)에 이르러 성리학의 기초가 확립되어 조선 이학의 시조로 일컬어졌다. 이씨 조선의 사상계에 있는 절대 전제자인 주자학도 실상은 고려에서 성립하여 내려온 것이다. 요컨대 후일의 이씨 조선은 모든 것이 고려의 연장일 따름이다.

※ 우리 풍수신앙은 신라 말의 도선(道詵)에서 비롯하였다 하나 그 일반적 유행은 고려 이후의 일이다.

※ 중국의 유학은 시대에 따라 좋아하고 숭상함이 같지 아니하였다. 한나라 시대에 글자의 의미를 밝히는 것을 중시하던 학풍을 훈고학(訓詁學)이라 불렀던 반면, 송나라 시대에 원리를 밝히는 것을 위주로 삼았던 학풍을 성리학이라 한다.

57. 문학과 예술

고려의 문학은 신라의 뒤를 이어서 처음부터 볼 만한 것이 있었다. 그 발달은 문종조에 최충이 죽은 후에 성하여 고종 전후에 절정에 이르렀다.

인종조의 김부식(金富軾) · 최유청(崔惟淸), 의종조의 쌍명재(雙明齋) 최당(崔讜), 최윤의(崔允儀), 김관의(金寬毅), 명종조의 이인로(李仁老), 고종조의 백운(白雲) 이규보(李奎報), 농은(農隱) · 동산수(東山叟) · 졸옹(拙翁) 최자(崔滋), 동안 거사(動安居士) 이승휴(李承休), 김극기(金克己) 등은 당시를 대표하는 문사였다. 충렬왕조의 익재(益齋) 이제현(李齊賢), 충숙왕조의 가정(稼亭) 이곡(李穀), 예산(猊山) 최해(崔瀣), 공민왕조의 도은(陶隱) 이숭인(李崇仁), 목은(牧隱) 이색(李穡) 등이 다 일대의 문장이었다.

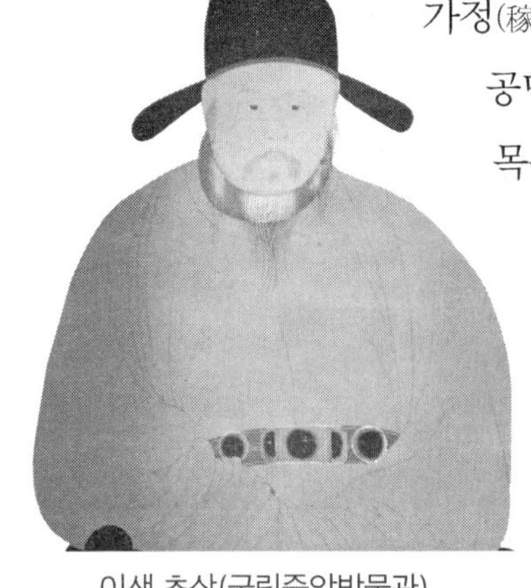

이색 초상(국립중앙박물관)

인종 23년(1145)에 김부식이 『삼국사기(三國史記)』를 지으니 이것이 현존한 옛 역사책 가운데 가장 오랜 것이다. 그보다 140년 후에 충렬왕 때에 승려 일연(一然)이 『삼국사기』에서 빠진 것을 모아서 『삼국유사(三國遺事)』를 만드니, 옛일을 살펴볼 수 있는 중요한 책이 되었다.

고려에는 서예가가 많았는데, 전기에는 숙종조의 홍관(洪灌), 인조조의 대감 국사(大鑑國師) 탄연(坦然)과 후기에는 공민왕 때의 한수(韓脩), 지웅 존자(智雄尊者) · 환암(幻庵) 혼수(混修)가 가장 유명하였다.

화가로는 인종조의 이녕(李寧)이 가장 드러나서 송나라에 가서 크게 휘종의 칭송을 얻었다. 공민왕은 서예와 그림에 다 능했는데, 더욱 그림에 격이 높고 기교가 정교하여 신품으로 불렸다.

※ 휘종은 송의 제8세 황제이니 군왕으로는 잘나지 못하였으나 화가로는 유명한 사람이다.

조 선 역 사 강 화

근세

제20장 이씨 조선의 창업

58. 한양으로 천도함

혁명에 성공하자 인심을 일신하기 위해 수도를 한양으로 옮기기로 하였다. 태조 3년(1394) 겨울부터 공사를 시작하여 1년 만에 경복궁(景福宮)과 태묘(太廟)·사직(社稷)·성균관(成均館)을 완성하였다. 5년 봄에 8도민 20만을 징발하여 성벽 약 1만 보를 쌓고, 그해 12월에 개경으로부터 천도를 행하였다.

그러나 인민이 옛 도읍을 편하게 여겨 따라오는 자가 적어 얼마 되지 않아 개경으로 다시 도읍을 옮겼다. 태종 5년(1405)에 이르러 한양으로 다시 도읍을 옮겼으며 도읍의 모양이 완성되는 데에는 여러 해가 걸렸다.

경복궁 근정전
조선 초기의 경복궁은 임진왜란 때 불에 타고 고종 때 대원군에 의해 중건되었다.

59. 태종의 내치

태조는 두 번 장가를 들어 각각 아들 몇 명을 두었으나, 후계 문제로 형제간에 다툼이 일어났다. 창업에 공이 많고 병권을 손에 잡은 태종이 왕위에 오른 뒤에야 다툼이 그쳤다.

태종은 즉위 이래로 크게 정치에 마음을 두어 산업을 권장하고 형벌을 밝혔다. 특히 문교의 진흥에 힘을 써서 국학(國學) 외에 중·동·남·서의 4학을 두어 유생들의 강학의 길을 넓혔다. 재위 3년에 주자소(鑄字所)를 두고 구리로 활자를 만들어 서적을 인쇄하여 널리 배포하니 이것이 세계에 있는 금속 활자의 시초이다.

※ 서양에서는 이보다 50년 후에 비로소 활자를 만들었다.

60. 세종의 대외 정벌

태종이 재위 18년에 돌아가고 세종이 왕위에 올랐다. 세종은 외적의 걱정을 없애기 위해 재위 원년(1418)에 이종무(李從茂)로 하여금 대마도를 쳐서 왜구의 소굴을 토벌하게 하고, 황윤덕(黃允德)으로 하여금 압록강 상류의 여진을 쳐서 그 병영을 무찌르게 하였다. 이로부터 변방의 근심이 크게 줄어들었다.

그러나 세종은 일시 무력의 위세만으로 장기적 평안을 얻을 수 없다고 생각하였다. 그리하여 북방에 대해서는 압록강 방면에 무창·여연·우예·자성 등 4군을 두고, 재위 16년에 두만강 방면에 김종서(金宗瑞)를 보내 종성·회령·경원·경흥·온성·부령 등 6진을 두어 오랑캐를 방비하였다.

남방에 대해서는 생활상 필요한 물자가 부족해서 왜구가 생기는 것이니 차라리 평화적 무역의 길을 터주는 것이 좋다고 생각하여,

재위 25년(1443)에 통신사 변중문(卞仲文)·서장관 신숙주(申叔舟)를 일본으로 보내 웅천의 제포(薺浦), 동래의 부산포(釜山浦), 울산의 염포(鹽浦)를 교역이 허가된 호시장(互市場)으로 개방하고, 대마도의 중개로 거쳐 각 지방의 사신 선박을 맞이하기로 하였다.

제21장 세종의 창작

61. 집현전

세종은 천성이 총명하고 학문을 좋아하여 아침에 일어나서 저녁에 잠자리에 들 때까지 손에서 서책을 놓지 아니하였다. 즉위 초에 궁중에 집현전(集賢殿)을 두고 갖가지 서적과 성삼문(成三問)·신숙주 등 일대의 문사를 모아 연구와 토론을 마음껏 하여 국왕의 자문에 응하게 하였다. 한편으로 경연(經筵)을 베풀고 계속 석학으로 하여금 신지식을 강론하게 하여 그 정화로써 새 문화를 건설하기에 힘썼다. 제작의 갸륵하고 문화의 빛남이 실로 전고에 없는 바였다.

62. 제작의 일반

세종의 제작은 각 방면에 걸쳐 참으로 지극히 정밀하고 교묘하였다. 세종이 내관상감(內觀象監)에서 윤사웅(尹士雄) 이하 여러 수학자와 기사 장영실(蔣英實)을 데리고 연구 제조한 여러 가지 천문을 관측하는 기구들은 신기하고 기교함이 사람의 생각을 벗어날 정도로 뛰어났다.

재위 24년(1442)에는 구리로 측우기(測雨器)를 만들어 서울과 각 도에 나눠 주어 강우량을 측정하는 표준을 세웠다. 이는 세계에 있는 기계적 측우기의 시초로서 서양보다 2세기나 앞선 것이다. 이밖에 천문학의 도서도 많이 편찬하셨다.

세종께서는 음악에도 마음을 두시어 음악학자 박연(朴堧)으로 하여금 아악(雅樂)의 가락을 바로잡게 하셨다. 이는 조선뿐 아니라 전 동양에 있는 옛 음악 부흥의 일대 사업이었다.

※ 서양의 강우량 관측은 1639년에 처음 시작되었는데, 조선의 측우기는 이보다 거의 2세기 앞선 것이다.

63. 훈민정음

세종께서는 한 나라의 말은 한 나라가 스스로 만든 문자로 기록해야 한다고 하시며 재위 25년(1443)에 말소리를 기호로 나타낸 문자 28개를 새로 만드셨다. 세종은 궁중에 정음청(正音廳)을 설치하고, 정인지(鄭麟趾) · 성삼문 · 신숙주 · 최항(崔恒) 등 학자들로 하여금 연구를 더하여 28년(1446)에 훈민정음(訓民正音)이라 이름하여 내외에 반포하였다.

이로써 『용비어천가(龍飛御天歌)』 · 『동국정음(東國正音)』 · 『사성통고(四聲通考)』 등을 찬술하여 그 실용의 예를 보이셨다. 훈민정음은 실로 세계 문자 가운데 가장 완전하고 정묘하다 하는 것이다. 문종조에 정인지는 『고려사(高麗史)』를 찬술하여 유명하다.

제22장 세조와 성종의 계승

64. 세조

즉위 32년(1450)에 세종이 서거하셨다. 뒤를 이은 문종(文宗)이 2년 만에 돌아가시고 그 아들 단종이 서니, 이때 나이가 12살이었다. 그 숙부 7명 가운데 수양 대군(首陽大君)이 다른 생각을 품고 영의정으로서 군대 관리권을 거머쥐고 3년 만에 왕을 내치고 대신 위에 오르니 이가 세조이다.

세조는 자질이 빼어나 학문과 무략과 발명 · 제작 등에서 큰 업적을 이루어 세종의 유업에 일단의 광휘를 더하였다. 조선의 국민문화가 이 세종과 세조 동안에 비로소 완성되었다 할 만하다.

재위 13년(1467)에 함경북도 길주 사람 이시애(李施愛)가 반란을 일으켜 함흥 이북이 그의 명령을 듣고 형세가 자못 창궐하였다. 강순(康純) · 남이(南怡) 등 여러 장수가 곧 이를 평정하였다.

65. 간경도감

불교가 들어온 뒤에 경전은 매우 열심히 간행했지만, 그것을 우리말로 번역하고 민중화하는 데에는 오히려 눈을 돌릴 겨를이 없었다. 세조가 훈민정음의 제정을 기회로 하여 이 전례 없는 큰 소원을 이루려 하였다. 그리하여 즉위 초로부터 간경도감(刊經都監)을 두고 『고려대장경』에 아직 채워 넣지 못한 불경들을 계속 간행하였다.

이와 동시에 일대의 학승인 홍준(弘濬) · 신미(信眉)와 김수온(金守溫) · 한계희(韓繼禧) 등으로 하여금 불교의 주요한 경전을 번역 주해하여 일일이 간행하도록 하였다. 세조가 돌아가신 뒤에 이 일이 계속되지는 못하였지만, 그 간행된 것은 일러두기가 정밀 · 엄정하고 판식(板式)의 선미함이 후인으로 하여금 감탄을 금치 못하게 한다.

세조 9년으로부터 11년까지 경성 흥복사(興福寺) 옛 터에 원각사(圓覺寺)를 짓고 13층 사리탑을 만들어 앉히니 지금의 탑골공원이 그 유적이다.

※ 가장 먼저 번역 간행된 것은 세조 8년(1462)에 완성된 『묘법연화경(妙法蓮華經)』이다.

66. 경국대전

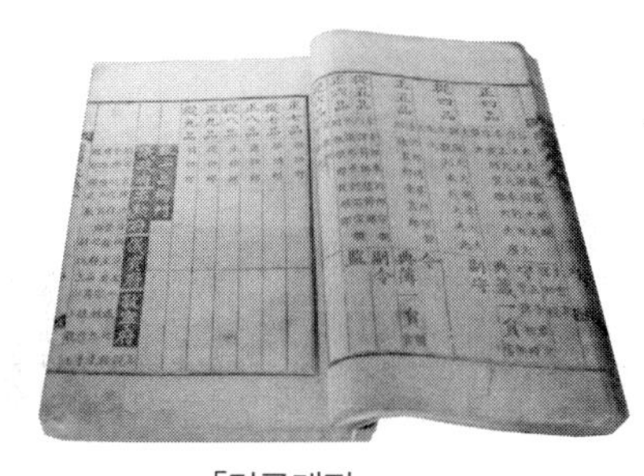
「경국대전」

세조의 다음에 예종이 들어서서 1년 만에 돌아가고 성종이 그 뒤를 이었다. 성종은 학문에 충실하고 인자하고 현명하며 태평시대를 열어갈 현명한 군주의 덕이 있었다. 스스로 문장과 역사에 예술에 능통하여 가장 학문의 권장에 힘을 쓰자 조선의 문학이 부쩍 흥성하는 방향으로 나아갔다.

태조 이래로 법전의 편찬과 저술에 종사하여 대대로 보수에 힘썼으나 오히려 미비한 것이 많았다. 성종 2년(1471)에 이를 완성하여 내외에 반포하니, 이것이 삼국 이래의 제도를 모아서 대성한 『경국대전(經國大典)』이란 것이다. 뒤에 약간 변개를 더하면서 조선 5백 년간 정치의 규칙이 된 것이다.

이제 그 관제를 개략적으로 말하면 다음과 같다. 문관을 동반(東班)이라 하고 무관을 서반(西班)이라 한다.

동반의 내직(문관)에는 의정부(議政府)가 있어 백관을 거느리고 서무를 다스린다. 영의정 · 좌의정 · 우의정(이른바 삼정승)이 이를 맡고, 좌 · 우 찬성(贊成)과 좌 · 우 참찬(參贊)이 이를 돕는다. 그 밑에 이(吏) · 호(戶) · 예(禮) · 병(兵) · 형(刑) · 공(工) 6조가 있어 각각 직무를 나누어 맡는다. 각 조에 판서(判書) · 참판(參判) · 참의(參議) 등이 있다. 이밖에 홍문관(弘文館)과 사헌부(司憲府)와 사간원(司諫院)을 3사(司)라 하여 국가 최고의 법무 기관이 되었다. 외직(지방관)에는 8도에 주(州) · 부(府) · 군(郡) · 현(縣)을 나누어, 도에는 관찰사(감사)가 있어 행정과 사법과 군사의 권한을 모두 관할하고, 주와 부에는 부사 혹 목사가 있고, 군과 현에는 군수 · 현령 · 현감 등이 있었다.

서반의 내직에는 중추부(中樞府)가 있어 그 최고 기관이지만 이는 명예직이다. 오위도총부(五衛都摠府)에는 도총관 · 부총관 등이 있어 중외 군무의 실권을 장악하였다. 친위병은 내금위(內禁衛)에 붙어 있고, 군사의 교육과 시험은 훈련원(訓練院)에서 맡았다. 외직에는 각도에 병마절도사(兵使) · 수군절도사(水使) · 수군만호(水軍萬戶) 등이 있다. 남쪽의 왜구와 북쪽의 오랑캐의 방어를 위하여 충청 · 경상 · 전라 · 영안(永安; 후의 함경도) · 평안의 5도에 병마우후(兵馬虞侯)를 두었다.

인물은 과거 제도를 통해 시험을 거쳐 채용하였다. 문과와 무과와 천문 · 지리 · 의학 · 역관 · 서화 등의 기술자 시험인 잡과의 세 가지가 있었다. 식년(式年)이라 하여 매 3년마다 정기적으로 실시하는 것과 증광별시(增廣別試)라 하여 임시로 실시하는 것이 있었다.

또 조선의 대표적 저술인 『동국통감(東國通鑑)』 · 『동국여지승람(東國輿地勝覽)』 · 『동문선(東文選)』 · 『악학궤범(樂學軌範)』 · 『오례의(五禮儀)』 등은 다 성종대에 편찬되거나 완성된 것이다. 그 일에는 최항(崔恒) · 서거정(徐居正) 등의 공이 많았다.

제23장 사화

67. 연산조의 사화

국초로부터 문학을 숭상하여 백 년이 넘어가자 차차 학문에 파벌이 생겨났다. 성종의 뒤를 이은 연산주가 전 시대의 학문을 숭상하는 정책에 대한 반동으로 학문과 문사를 싫어하였다. 간사하고 음험한 무리가 이 틈을 타서 활동하자 학문의 파벌을 배경으로 한 정권 쟁탈이 뒤이어 생겨났다.

성종조에 김종직(金宗直)이 유학으로 명망이 높아 그 문도가 조야에 많았다. 연산주 4년(1498) 무오년에 그 반대자들이 거짓말을 꾸며서 김종직 일파를 죽이고 귀양 보내니, 이것이 무오사화(戊午士禍)란 것이다. 이로부터 사림(士林)과 조신(朝臣) 사이에 불안한 공기가 서리다가, 10년 갑자년(1504)에 사림 100여 명이 일에 걸려서 일시에 화를 당하니, 이것이 갑자사화(甲子士禍)란 것이다.

조광조 유허지 추모비(전남, 화순)
조광조가 유배 간 곳을 기념하기 위해 세운 비이다.

68. 기묘사화

연산주는 음탕하고 잔학한 일을 방자히 행하다가 12년 만에 물러나고 중종이 대신 들어섰다. 중종은 연산주 시절의 잘못된 정치를 고치기에 힘쓰고, 청년 학자로 명망이 있는 조광조(趙光祖)를 등용하여 새로운 정치를 기약하였다. 그러나 조광조가 지나치게 이상을 추구하여 하는 일마다 너무 과격하므로 적이 많이 생겼고, 중종도 이를 싫어하고 괴롭게 여겼다. 중종 14년(1519) 기묘년에 반대파에게 조광조 일당이 몰락을 당하니, 이것이 기묘사화(己卯士禍)란 것이다. 이 뒤로 사람들의 인심이 더욱 불안에 빠져 음모적 정쟁이 끊이지 아니하였다.

69. 외척의 전횡

중종이 두 번째 부인 장경 왕후(章敬王后) 윤씨가 아들을 낳자 이를 세자로 세웠는데, 세 번째 부인 문정 왕후(文定王后) 윤씨가 또 아들을 낳았다. 문정 왕후의 동생 윤원형(尹元衡)은 그 조카로써 세자를 바꾸려 하고, 세자의 외척인 윤임(尹任)은 이를 반대하여 조정 신하들 사이의 싸움에 외척끼리의 다툼이 더해졌다.

중종이 돌아가고 세자가 즉위하여 문정 왕후와의 거북함을 조화하려 하였다. 그러나 재위한 지 겨우 8개월 되는 을사년(1545) 7월에 질병으로 세상을 떠났으니, 이가 인종이다. 문정 왕후의 소생이 그 뒤를 이으니, 이가 명종이다.

왕이 어리므로 문정 왕후가 왕을 도와 정치를 행하는 수렴청정(垂簾聽政)을 행하자 윤원형이 권세를 이용하여 윤임과 그 무리로 지목되는 자들을 핑계를 대어 모두 타도하였다. 이것이 을사사화(乙巳士禍)란 것이다. 이로부터 죄 없는 사람을 억지로 죄를 꾸며 처벌하는 무옥(誣獄)이 뒤를 이어 공포 시대가 열렸다. 명종 8년(1553)에 문정 왕후가 정사를 왕에게 돌렸다. 그러나 문정 왕후가 살아있는 동안까지 문정 왕후와 외척이 전횡을 계속하니, 외척이 권세를 부리는 일이 이때부터 비롯되었다.

제24장 교육과 학문의 융성

70. 유학의 번영

중종과 명종 시대에는 정치상으로 일대 암흑 시대였으나 문화상으로는 전대의 여세를 받아서 두드러진 발전을 보였다. 첫째 유학은 오랫동안 국가의 육성을 받으며 뿌리가 깊고 가지가 번성하여 그 탐스러운 꽃이 이때에 활짝 피었다. 점필제(佔畢齋) 김종직의 문인으로 한훤당(寒暄堂) 김굉필(金宏弼)·일두(一蠹) 정여창(鄭汝昌)·탁영(濯纓) 김일손(金馹孫)·뇌계(㵢溪) 유호인(兪好仁)·매계(梅溪) 조위(曺偉)와 김굉필에게 수학한 정암(靜庵) 조광조와 모재(慕齋) 김안국(金安國)·회재(晦齋) 이언적(李彦迪)·퇴계(退溪) 이황(李滉)·율곡(栗谷) 이이(李珥)·화담(花潭) 서경덕(徐敬德)·남명(南冥) 조식(曹植)·미암(眉岩) 유희춘(柳希春)·하서(河西) 김인후(金麟厚)·옥계(玉溪) 노신(盧禛)·북창(北窓) 정렴(鄭磏) 등이 다 이때에 나왔다.

중종 36년(1541)에 주세붕(周世鵬)이 풍기 군수로 고려 시대 안유(安裕)의 옛 집에 백운동 서원(白雲洞書院)을 창건하여 선비들이 모여 공부하는 곳을 만들었다. 이것이 서원의 시작이다. 뒤에 임금의 친

소수서원 강학당(경북, 영주)
조선 시대 최초의 사액 서원이다. 사액 서원은 임금으로부터 친필 액자와 노비·토지·서적을 하사받았다.

필 액자와 노비와 토지와 서적을 하사받아 소수 서원(紹修書院)이라 하였다.

71. 이퇴계

이퇴계(李退溪)는 연산주 7년(1501)에 예안에서 태어났다. 자질이 영특하고 빼어나 경전에 넓게 통하였고 성리학에 가장 조예가 깊었다. 옛날부터 내려오는 모든 학설의 장단점과 득실을 연구하여 이를 주자(朱子)의 학설과 절충하여 그 미흡한 바를 새롭게 밝혀냈다. 실로 정자(程子)·주자 성리학의 대성자요, 조선 제일의 유학자였다. 그 저술이 일본에 전해져 존경하고 사모하고 계승하여 연구하는 이들이 많이 생겼다. 70세에 세상을 떠나니 시호를 문순(文純)이라 하고, 그 서원을 예안 도산(陶山)의 옛 집에 두어 이제까지 이르고 있다.

72. 불교 방면

이조가 들어서 유학을 숭상하여 겉으로 불교를 눌렀으나 궁정과 사회에 뿌리박힌 그 숨어 있는 세력은 언제든지 놀라운 것이 있었다.

고려 시대의 불교에 열반종(涅槃宗)·법상종(法相宗)·계율종(戒律宗)·법성종(法性宗)·원융종(圓融宗)의 오종(五宗)과 천태종(天台宗)·조계종(曹溪宗)의 양종(兩宗)이란 파벌이 있었다. 세종께서는 당시의 실정을 살피시고 이것을 합하여 선(禪)·교(敎) 양종을 만들고 승려를 위한 과거 시험을 실시했다. 이 뒤로 이것을 그대로 따라 행하다가 연산주 때에 원각사를 기생방으로 만드는 과정에서 승려 과거를 폐지하였다.

문정 왕후가 섭정하여 승려 보우(普雨)를 받들어 모셨다. 보우가 이 기회를 틈타 명종 7년(1552)에 양종의 승려 과거인 선과(禪科)를 다시 설치하고 불교 중흥을 위하여 여러 가지를 꾀하였다. 그러나 문정 왕후의 타계와 함께 보우가 제주로 귀양을 갔다가 죽자 승려 과거도 폐지되었다.

제25장 당론

73. 당론의 원인

명종이 재위 22년(1567)에 서거하고 선조가 왕위에 올랐다. 선조는 처음에 백인걸(白仁傑) · 이황 · 이이 등을 등용하여 정치를 개혁하려 하여 여러 가지로 기대를 받았다. 그러나 조정에는 당론이 일어나고 왕실에는 변고가 생겨 차차 정치에 권태로운 생각이 들게 되었다.

국초 이래 유교를 중시하는 숭유 정책(崇儒政策)으로 사림의 사회적 세력이 너무 커졌다. 그리하여 조정의 신하와 초야의 선비가 은연중에 대립의 형세를 가지게 되었다. 더욱이 연산주의 사화(士禍) 이래로 여러 불순분자가 여기 달라붙어서 날로 험악한 공기를 빚었다. 선조조에 이르러 조정의 신하들 사이에 신구(新舊)의 충돌이 일어났다. 이로 인하여 드디어 정치상과 사회상으로 일대 결렬이 생기게 하였다.

74. 동인과 서인

선조 8년(1575) 쯤부터 외척의 심의겸(沈義謙)과 사림의 김효원(金

孝元) 사이에 명분과 절의를 둘러싸고 시비가 일어났다. 이것이 한 번 거치고 두 번 거치면서 드디어 하나의 대립된 당파를 형성했다. 그런데 김효원의 집이 도성 안의 동촌에 있으므로 김효원의 편에 서는 자를 동인(東人)이라 하고, 심의겸의 집은 서촌에 있으므로 심의겸의 편은 서인(西人)이라고 일컬었다.

동인과 서인의 당론이 갈라진 근본 원인은 진실로 가볍지 아니한 것이었다. 그러나 그 유래는 멀고 그것이 후일에 끼친 영향은 조선을 정치적으로 결딴낼 만큼 큰 것이었다.

75. 남인과 북인

당시의 이조 판서 이이 같은 이는 당론의 결과가 한심한 것을 보고 지성껏 그 화해에 힘썼으나 아무 효험이 없었다. 이이의 죽은 뒤에는 그 폐해가 더욱 커져서 당론 본위의 정변이 자주 일어났다. 선조 24년(1591)에 이르러서는 동인끼리 의견이 충돌되어 동인이 다시 남인(南人)과 북인(北人)으로 나뉘었다. 이렇게 당파가 생긴 뒤에는 세력이 밀리는 경우에 당인의 눈에는 당파 밖에 다른 것이 없이 되고 국사와 민생이 모두 당론에 희생을 당하게 되었다.

第26장 임진왜란

76. 도요토미 히데요시의 내침

세종 때에 웅천 제포, 동래 부산포, 울산 염포 등 삼포(三浦)를 열어서 무역을 허락한 후에는 왜구가 뜸하였다. 간혹 왜구가 변란을 일으키기는 했으나 규모가 크지는 않았다.

동래부순절도(육군박물관)
임진왜란 때 동래성에서 일본군의 침략에 맞서 싸우다가 순절한 부사 송상현과 군민의 항전을 그린 그림이다.

선조 때에 하시바 히데요시(羽柴秀吉)가 오랫동안 갈가리 찢어졌던 일본 국내를 통일하였다. 히데요시는 이욕과 공명심에 끌려 조선과 명나라를 침략할 양으로 여러 가지 준비를 하였다. 선조 25년(1592) 임진년에 도요토미 히데요시(豊臣秀吉)가 나고야(名護屋)에 나와 앉아 22만 대군을 출동시켰다. 우선 고니시 유키나가(小西行長)·가토 기요마사(加藤清正)·구로다 나가마사(黑田長政)·모리 요시나리(毛利吉成)·우키다 히데이에(宇喜多秀家) 등에게 5만의 군사를 나누어 주었다.

일본군은 4월 13일에 그 선두가 부산에 이르고, 18일까지 모든 부대가 차례로 건너와서 3로에 나뉘어서 바로 경성을 향하였다. 이때 워낙 방비도 엷었거니와 일본군은 조총을 가졌는데 조선군은 활과 화살로써 막으매 거의 아무런 저항도 받지 않고 거침없이 올라왔다.

원래 도요토미 히데요시가 조선을 침략할 뜻을 보인 것은 벌써 한참 전의 일이었다. 그래서 조정에서 일부러 사신을 보내 정탐까지 시켰었다. 그러나 보고 돌아온 사람이 당론에 끌려서 하나는 변란이 일어날 것이라 하고, 하나는 무사하리라 하여 보고가 같지 아니하였다. 일시적 편안함을 즐기는 인심이 무사하리란 말을 달갑게 받아들였다. 그래서 조금 시작한 방비를 그만 내어던졌다가 불시에 이 일을 당한 것이었다.

4월 16일에 경보가 이르자 조정이 여러 장수를 뽑아서 세 갈래 길로 내려 보내고, 신립(申砬)을 도순찰사로 삼아서 뒤를 방비하게 하였다. 그러나 전군(前軍)이 다 패하고, 27일에 신립의 군대가 또한 충주에서 패하였다. 28일 저녁에 선조는 패전 소식을 듣고 세자와 왕자를 각 도로 나누어 보내서 왕실을 호위할 군대를 부르게 하였다. 30일 새벽에 선조와 비빈이 영의정 이하 100여 인을 데리고 서쪽으로 궁을 나가서 개성과 평양을 거쳐 마침내 의주에까지 갔다.

5월 3일에 일본의 여러 부대가 경성으로 들어와서 부서를 정하여 고니시 유키나가는 평안도로, 가토 기요마사는 함경도로, 구로다 나가마사는 황해도로, 모리 요시나리는 강원도로 향하고, 우키다 히데이에는 경성을 지켰다. 6월 13일에 평양이 고시니 유키나가의 수중에 들어갔다.

※ 히데요시(秀吉)가 처음에 미천한 관계로 성(姓)이 분명치 못하여 이 성 저 성을 쓰다가 귀하게 된 뒤에는 도요토미(豊臣)란 성을 썼다.

77. 이순신이 해로를 막음

육상에서 싸우기만 하면 패하여 나라의 명맥이 압록강가에서 가물거리고 있었다. 이때 전라 좌수사 이순신(李舜臣)이 미리부터 준비를 하고 있다가 적의 함대를 닥치는 대로 침몰시켜 일본 수군이 수로로 올라오는 것을 막았다. 대국이 온통 무너지지 아니한 것은 오로지 이순신이 바다를 제패한 공이다. 특히 5월 7일의 노량 대첩(露梁大捷)과 7월 8일의 한산 대첩(閑山大捷)은 적으로 하여금 다시 서쪽으로 항해할 뜻을 가지지 못하게 하였다.

이순신이 삼도 수군통제사(三道水軍統制使)가 되어 수군을 온통 절제하게 되었다. 이순신이 전라 좌수영(全羅左水營)에 있을 때에 왜적이 반드시 수로로 올라갈 줄 알고, 모든 전쟁 장비를 새롭게 수리하였다. 특히 거북 모양의 전함을 새로이 만들어 겉에는 철갑에 못을 박아 왜적이 오르지 못하게 하고 속에는 사방으로 대포를 발사할 수 있도록 만들었다. 거북선이 왜적의 진중으로 다니면서 자유로이 활동하였으나 손상을 받지 아니하였다. 거북선이 향하는 곳에 바다에 가라앉지 않는 배가 없어 전후의 승리가 다 이 거북선에 힘입은 것이었다.

나라에서는 명나라에 구원을 청하여 명나라가 제독 이여송(李如松)으로 하여금 4만의 군사를 거느리고 오게 하였다. 민간에서는 사방에서 의병이 일어났으나 다 대국을 만회할 만한 힘은 되지 못하였다. 다만 전라 감사 권율(權慄)이 1593년) 3월 12일에 행주성에서 왜적의 대군이 일시에 덤비는 것을 때려 부순 것이 육상에서 처음 본 통쾌한 승리였다.

권율 동상(경기, 고양)
행주산성에 있다.

78. 강화 회담이 시작됨

일본군은 평양까지 가서 더 전진할 수 없었고, 명군도 반드시 승리하리라는 확신이 없었다. 그러자 명나라의 유세객 심유경(沈惟敬)이란 자의 소개로 두 나라 사이에 강화 회담이 진행되었다.

1593년 4월에 일본군은 다 물러나 경상남도의 해변에 군영을 설치하여 오래 머물 계책을 삼고, 강화할 것인지 전쟁을 계속할 것인지에 대한 두 가지 전략에 대비하였다. 일본군은 이 과정에서 진주를 빼앗아 남방의 근거를 안전히 할 모양으로 수군과 육군을 아울러 출동시켰다.

1593년 6월 22일부터 일본군이 진주성을 포위 공격하여 29일에 성이 드디어 함락되었다. 이때 진주 부사 김시민(金時敏) 이하 군사와 백성의 사망자가 6만 명이 넘었다. 임진왜란 이래의 전투 중에 입은 참화 가운데 가장 심한 것이었고, 우리 군사들의 위용이나 사기의 장렬함도 이보다 더한 것이 없다고 한다. 한편 10월에 선조가 의주로부터 한양으로 돌아왔다.

※ 이 전투에 촉석루에서 기생 논개(論介)가 왜적의 장수 게

야무라 로쿠스케(毛谷村六助)를 안고 남강에 빠져 죽은 것은 평양 계월향(桂月香)의 일과 마찬가지로 임진왜란사상의 유명한 일대 미담이었다.

제27장 정유재란

79. 이순신의 수난

오래 두고 옥신각신하다가 강화 회담이 마침내 깨지고 말았다. 1597년 1월에 도요토미 히데요시가 고니시 유키나가와 가토 기요마사 등으로 하여금 군사 4만 명을 거느리고 다시 조선을 침략하게 하여 3월 중순까지 일본군이 다 바다를 건너왔다. 그러나 히데요시는 일본 해군이 이순신에게 막혀 바닷길을 마음대로 다니지 못하면 만사가 헛될 것임을 잘 알고 있었다.

1596년 가을부터 히데요시는 갖은 이간질을 다 행하였다. 히데요시는 일본군이 다시 출병할 때에 가나메 도키쓰라(要時羅)라는 자를 보내 군사 비밀을 은밀히 조선에 전달하는 체하였다. 가나메 도키쓰라는 어느 날에 가토 기요마사가 오는데 자신이 그가 탄 배를 가리킬 터이니 이순신로 하여금 나와서 잡게 하라고 하였다.

이때의 원수이던 권율(權慄)이 이를 곧이듣고 이순신에게 출동을 명했으나, 이순신은 이것이 거짓된 계책임을 깨닫고 모르는 체하였다. 이것이 빌미가 되고, 또 당론과 기타 이유 등 때문에 1597년 2월에 이순신이 파면되고 경상 우수사 원균(元均)이 대신 삼도 수군통제사가 되었다. 원균이 한산도에 이르러 이순신이 만든 규칙들을 고치고 주색에 취하여 인심이 흩어지고 군기가 꺾였다.

이때 일본군은 동래·기장·울산 등지에 나누어 주둔하고 김해

· 진주 · 사천 · 곤양의 사이를 왕래하면서 깊이 침입할 준비를 하였다. 7월에는 원균이 요시라의 꾐에 빠져서 절영도로 나갔다가 대패하여 바닷길이 왜적에게 떨어졌다. 이 때문에 8월에 굳게 지키고 있던 호남과 영남의 중요한 길목인 황석산성과 남원성이 차례로 함락되었다. 한양의 조정이 떨고 놀라며 우선 왕비와 세자를 황해도 수안으로 피란을 보냈다. 조정의 회의에서 이순신을 다시 기용할 수밖에 없다 하자 선조는 급히 이순신을 삼도 수군통제사로 삼아서 내려 보냈다.

이 동안에 명나라의 원군이 와서 남원 · 성주 · 전주 · 충주 등을 지키고 있었다. 그러나 남원성이 함락되자 명나라 군대는 한때 한강으로 물러나 있다가 증원군이 도착하자 다시 남진하였다. 9월 5일에 직산의 소사에서 일본군을 만나 다음 달 여섯 번 싸워 전례 없는 승리를 거두었다. 이것이 이번 임진왜란에 명나라 군대가 처음 거둔 대승리였다. 일본군은 여기서 기세가 꺾여 다시 남방의 해변에 가서 둔취하여 버렸다.

80. 명랑의 대첩

이순신은 다시 삼도 수군통제사 직책을 받고 혼자서 말을 타고 장흥 회령포에 이르렀다. 패전한 지 얼마 안 된 터라 남은 함선과 무기가 거의 없었다. 영남과 호남은 모두 왜적의 소굴이 되었으며, 고니시 유키나가가 육상에 있고 히라요시(平義智)가 수상에 있어 외롭고 위태롭기가 비할 데 없었다.

이순신은 패잔선 13척을 모아 군사를 싣고 8월 29일 벽파진에 이르러 겁에 질린 군사들의 마음을 가라앉히면서 해상을 방비하였다. 9월 4일에 왜적의 대함대가 서쪽으로 향하는 것을 탐지하고, 15일에 전라 우수영 앞 바다에 진을 치고 피난선 100여 척으로 의

명량대첩지(전남, 해남)인 명량 해협

병을 만들어 놓았다.

9월 16일에 바다를 덮어 오는 적선 5~6백 척 속으로 들어가서 대포를 마구 쏘며 공격을 가하고, 이리저리 부딪치며 일본 함선의 진형을 부수고, 다시 명량의 거센 물 흐름을 이용하여 적선의 거의 전부를 엎질러 버렸다. 아군의 함선들은 별로 손상이 없었는데, 이것이 그 유명한 명량 대첩이다. 원균이 패한 후에 비로소 제해권을 회복한 대목이며, 이후로 적선이 다시 서해를 엿보지 못하였다.

명군은 일본군을 소탕할 목적으로 1597년 2월에 울산 도산에 있는 가토 기요마사의 진을 쳤으나 패하여 돌아갔다. 명나라에서 1598년에 수상과 육상 두 방향으로 원군을 더 보냈으나 군사적으로 이익을 거둔 것은 없었다.

81. 일본군의 철수

선조 31년(1598)에 도요토미 히데요시가 죽을 때에 유언으로 자신이 죽은 것을 숨기고 군대를 철수하게 하였다. 일본군이 차례로 철수하여 돌아갈 때 고니시 유키나가는 우리 수군에게 갇혀서 바다로 나오지를 못하고 초조하게 지내다가 명나라 수군 제독 진린(陳璘)에게 뇌물을 주고 빠져나왔다.

삼도 수군통제사 이순신은 이 기회를 이용해 고니시 유키나가에게 치명적 손상을 주는 것이 후환을 없애는 방법이라 생각했다. 이것이 11월 19일에 노량에서 대전투가 벌어진 까닭이다. 이 전투 도중에 흐르는 탄환에 맞은 이순신은 또한 유언을 내려 자신이 죽은 것을 숨기게 하였다. 온 군사들이 힘써 싸워 왜적을 크게 격파하여 일본 함선의 남은 것이 겨우 50여 척에 지나지 않았다. 유키나가는 이 틈에 빠져나갔다.

도요토미 히데요시가 죽어서 일본의 장수들이 철수하여 돌아갔음을 조선 측은 뒤늦게 알았다. 좌의정 이덕형(李德馨)과 여러 인사들이 추격할 것을 강하게 외쳤으나 나라가 피폐해진 나머지라 실행되지 못하였다. 이렇게 전후 7년을 끌어오던 지리한 전쟁이 마지막에는 당사자도 알지 못하는 가운데 끝이 났다. 이듬해 1599년 8월까지 명군도 다 군사를 거두어 돌아갔다.

일본에서는 히데요시가 죽은 후에 도쿠가와 이에야스(德川家康)가 대신 군가의 권세를 잡고서 우리와 화평하게 지내기를 구하였다. 우리가 오래 듣지 아니하다가 선조 40년(1607)에 비로소 이를 허락하여 오랫만에 국교가 회복되었다.

임진왜란은 국민적으로 전에 없던 자극이었던 만큼 조선인의 독창성이 가장 많이 이 전쟁을 통해 발휘되었다. 이순신의 거북선 이하 여러 해상 전투 기구와 정평구(鄭平九)가 제작했다고 전하는 진주성의 비차(飛車)가 유명하였다.

또한 경주의 전투에서 이장손(李長孫)은 처음 만든 비격진천뢰(飛擊震天雷)라는 성을 공격하는 기구를 사용하여 특별한 공을 세웠다. 이는 세계에서 박격포의 효시이다. 호남 소모사 변이중(邊以中)

은 화차(火車)란 것을 처음 만들어 육상 전투에 썼다. 권율의 행주 전투 당시에 이 화차의 도움을 크게 받으니, 이는 탱크의 원조라고 할 것이다.

제28장 인조의 반정

82. 광해주

선조의 말년에 세자와 두 번째 부인인 인목 왕후(仁穆王后)와 그 소생인 영창 대군(永昌大君)의 삼각관계로 궁중에 암운이 떠돌았다. 왕이 재위 41년(1608)에 별세하고 세자가 왕위를 이으니, 이가 곧 광해주이다.

광해주는 가뜩이나 그 지위에 대하여 불안을 느끼고 있는데, 궁중의 신하 중에 이것을 이용하는 자가 있었다. 그는 왕으로 하여금 그 형과 동생을 죽이고 모후 인목 왕후를 유폐하게 하였다. 이 과정에서 권세를 써서 조정이 심히 흐리고 어지러워졌다.

이보다 먼저 여진의 건주부(建州部)에 누르하치란 자가 부장이 되어 명나라가 피폐한 틈을 타서 명나라 변방인 지금의 만주 지방을 거의 통일하였다. 광해주 8년(1616)에 헤투알라(赫圖阿拉; 興京)에서 칸(可汗)의 위에 오르고 국호를 금(金)이라 하였다.

광해주 13년(1621)에 금나라가 요동을 함락시키매, 장수 모문룡(毛文龍)이 바닷길로 조선의 평안도 용천에 와서 가도(椵島)에 진을 설치하고 요동을 회복한다고 하였다. 금나라가 이것을 꺼려서 조선의 외교적 지위가 심히 난처하게 되었다. 그러나 광해주는 임진란을 겪으면서 외교에 경험을 쌓았으므로 이 사이에 서서 좋도록 좌우를 주선하여 큰 탈이 일어나지 아니하였다.

83. 인조의 반정

선조조에 당론이 생긴 뒤에 먼저 세력을 얻은 당파가 서인이며 뒤에 동인이 이를 대신하였다. 임진란 전년(1591)에 동인이 남북으로 갈려 임란 중에는 남인이 권세를 잡았다. 1598년에 남인의 영수 유성룡(柳成龍)이 쫓겨나면서 북인이 대신 권세를 잡아 대북(大北)과 소북(小北)으로 갈라졌다.

광해주 시대에는 대체로 북인이 권세를 잡고 대북과 소북이 서로 팽팽하게 대결하였다. 북인끼리의 싸움은 오랫동안 납작 눌려 지내던 서인에게 국면을 전환할 기회를 주었다. 무신 이서(李曙)·이괄(李适)과 문신 김류(金瑬)·최명길(崔鳴吉)과 유생 심기원(沈器遠)·김자점(金自點) 등이 형제를 죽이고 모후를 폐위한 것을 주된 이유로 내세워 광해주 15년(1623)에 왕을 폐하고 선조의 손자이자 광해주의 조카인 능양군(綾陽君)을 추대하니 이를 인조반정(仁祖反正)이라 한다.

인조가 처음 즉위하매 명망 있는 이를 거두어 정치를 맡기고, 재성청(裁省廳)을 설치하여 나라 비용의 절약을 꾀하며, 어사를 8도에 보내 백성의 괴로움을 물으며, 삼도대동청(三道大同廳)을 두어 상민의 세금 납부를 편하게 하는 등 자못 선정을 펴기에 힘썼다. 대동(大同)이란 것은 옛날부터 번거롭고 백성에게 폐가 되던 세금인 공부(貢賦)를 토지세 한 가지로 줄인 것으로서 조선 세제상의 일대 시기를 그은 것이다.

84. 이괄의 난

인조반정의 여러 공신 중 이괄(李适)은 공신의 등급을 정할 때에 공정치 못한 점이 있다 하여 불평을 품었다. 반정 후에 곧 평안

쌍수정사적비(충만, 공주 공산성 안)
인조가 이괄의 난을 피해 공산성에 머물렀던 10일 동안의 행적을 기록하고 있다

도 병마절도사로 임명되어 나가자 더욱 야속하게 생각했다. 이에 이괄은 가만히 다른 의도를 품고 겨울 3달 동안 군사들에게 무예를 연습시켰다.

인조 2년(1624) 1월에 임금 주변의 악인들을 청소한다고 하고 군사 1만 2천 명을 거느리고 항복한 왜군 130인을 선도로 삼아 말을 몰아 남쪽으로 쳐내려왔다. 이르는 곳마다 관군을 격파하고 한양으로 달려드니, 인조가 남으로 공주에 피란을 가기에 이르렀다. 20일 만에 도원수 장만(張晩)의 군사가 안현(鞍峴; 한양 서문 밖)에서 이괄의 군대를 격파하자 이괄은 부하에게 죽임을 당하였다. 인조가 한양으로 돌아오니 이것을 갑자년 이괄의 변란이라고 한다.

제29장 병자호란

85. 정묘의 난

인조 3년(1625)에 금나라가 서울을 선양(瀋陽)으로 옮겼다. 이듬해 태조 누르하치가 죽고 그 아들 홍타이지가 서니 이가 태종이다. 이때 이괄의 잔당은 선양에 가서 홍타이지에게 조선을 치라고 충동하였다. 홍타이지는 모문룡(毛文龍)을 없애서 후환을 끊을 필요를 느끼고 있었다.

인조 5년 정묘년(1627) 정월에 홍타이지는 그 사촌동생 아민(阿敏)을 시켜 병사 3만을 거느리고 압록강을 건너 모문룡을 쫓아내게 하였다. 아민은 남쪽으로 내려오면서 조선이 금나라에 대해 적의를 가진 죄를 나무라고 군사를 황해도 평산(平山)에 머물게 하였다. 이때 조선 조정에서는 장만(張晩)을 도원수로 삼아 나가서 막게 하고, 세자는 전주로 인조는 강화로 피난하였다.

그러나 형세가 이롭지 못하자 인조는 종실 가운데 한 사람을 인질로 삼아 특산물 약간을 아민에게 보냈다. 3월 3일에 조선은 금나라와 형제국으로서 영구히 화평을 지킬 것이라는 서약을 맺어 주고 금나라 군대를 철퇴시켰다. 금나라의 침략은 불과 수십 일간이었으나 침략이 심하여 청천강 이북은 폐허가 되다시피 하였다.

86. 병자년의 난

금나라가 조선과 강화를 맺은 것은 본디 진실한 의도에서 나온 것이 아니므로 그들의 토색이 나날이 심해갔다. 인조 10년(1632)에는 형제의 맹약을 군신의 맹약으로 고치자고 하였다. 인조 13년에는 금나라 태종이 내몽고의 여러 부(部)를 복속시킨 다음, 황제를 칭하며 국호를 청(淸)이라 하고, 사신을 보내 조선에게 이를 승인하라고 하였다. 이에 조정이 극도로 격앙하여 오랑캐 사신을 베고 강화를 끊자는 의견이 크게 일어났다. 그러자 청나라 태종이 앞질러서 만주 · 몽고 · 한군(漢軍) 무릇 10만 명을 데리고 조선을 침략하였다.

이듬해인 인조 14년(1636) 병자년 12월 9일에 청나라 군대의 선봉 마푸타(瑪福塔)가 압록강을 건너왔다. 그들은 의주 부윤 임경업

남한산성 동문(경기, 광주)
병조호란 때 인조가 피난했던 곳이다. 그러나 한 달도 채 못되어 청군에게 항복했다.

(林慶業)이 백마산성에 있음을 피하기 위해 샛길을 따라 질풍같이 몰아서 선양에서 떠난 지 10여 일에 한양에 이르렀다.

사태가 위급해지자 조정에서는 최명길(崔鳴吉)을 보내 청나라 군사들을 영접하는 체하며 그들의 진군을 늦추었다. 12월 14일에 먼저 세자와 세자빈을 강화도로 보내고, 인조는 뒤좇아가려 하였다. 그러나 이튿날에 이미 길이 막혀서 인조는 허겁지겁 가마를 돌려 남한산성으로 들어가면서 팔도에 근왕병을 불렀다.

12월 16일에 청나라 대군이 남한산성을 포위하고, 이듬해 정월에 청나라 황제가 와서 친히 지휘를 하였다. 원병은 이르지 않고 굶주림과 추위가 닥쳐오므로 산성 안에서 각기 강화와 전쟁을 주장하는 양파의 논쟁이 격렬하였다. 강화도가 함락되어 세자빈과 왕자와 군신의 처자들이 잡혀왔다. 이를 본 인조는 15년(1637) 정월 30일에 친히 청나라 군문에 나아가 강화를 청하고 명나라에 대하던 예를 청나라에 행하기로 하고, 또 세자와 대군을 인질로 주어서 청나라 군대를 돌려보냈다.

병자년의 난에 힘이 워낙 모자라서 항복하기는 하였으나 청나라에 대한 반항심은 이 때문에 더욱 격앙되고 또 갈수록 치열하였다. 청나라는 인조 22년(1644)에 명나라 수도 연경(燕京)을 빼앗고 명나라가 다스리던 천하를 온통 차지하였다.

89. 효종의 북벌 계획

인조가 재위 27년에 서거하고 효종이 즉위하였다. 효종은 일찍이 심양에 인질로 잡혀가 8년간 고초를 겪은 한이 있고, 또 청나라 내정을 잘 알고 있었다. 효종은 북방의 청나라를 치는 북벌(北伐)을 실행하여 복수할 계책을 세우고 송시열(宋時烈)·이완(李浣) 등을 데리고 부지런히 준비를 하다가 뜻을 펴지 못하고 10년 만에 서거하였다. 그러나 북방에 대한 적개심이 은근히 인심을 자극하여 을지문덕·강감찬 등 북방 오랑캐를 물리친 옛 위인들에게 새로이 숭모의 마음을 표하는 운동이 생겼다.

효종 때에 동방으로 나오는 러시아의 세력이 헤이룽 강에 이르러 청나라와 충돌이 벌어졌다. 청나라는 우리가 조총을 잘 쏘는 줄을 알고 효종 5년(1654)과 효종 9년(1658)에 우리에게 구원을 청하였다. 조정은 수백 인씩 조총수를 보냈는데, 우리 조총수가 가서 러시아 병사를 무찔러서 오랫동안 러시아인이 헤이룽 강 방면에 자취를 끊었다. 러시아인을 그때에는 나선(羅禪)이라고 썼다.

※ 효종의 다음 대인 현종 11년(1670)에 을지문덕의 사당이 평양에 서고 또 그 다음 대인 숙종 35년(1709)에 강감찬의 사당이 의주에 생겼다.

제30장 노론과 소론의 다툼

88. 서인과 남인의 다툼

두 차례의 대란은 실로 우리의 국민적 무능과 무심에 대한 하늘의 경고였다. 이 쓰디쓴 약을 경험하고 마땅히 정신을 가다듬어 새 운명을 열어야 했었다. 그러나 당론에 중독된 당시의 조정 신하들은 여전히 반성하지 않고 다만 몰염치하게 정권의 쟁탈에만 몰두하였다. 한편으로는 청나라를 물리치자는 배청 사상의 반동으로 명나라를 숭배하자는 숭명 사상이 턱없이 확산되어 사람의 마음속에도 아무 희망의 싹을 찾을 수 없었다.

효종 서거 후에 인조의 두 번째 부인 조씨가 무슨 복(服)을 입어야 옳겠느냐는 문제로 조정에서 서인과 남인의 사이에 큰 논쟁이 일어났다. 서인에는 송시열 · 송준길(宋時烈)이 영수가 되고, 남인에는 윤휴(尹鑴) · 허목(許穆)이 영수가 되어 엎치락뒤치락하였다. 이로 인해 양파의 알력이 갈수록 심해졌다. 현종대 15년간과 숙종 20년경까지 전후 35년 동안 한 파가 일어나면 한 파가 넘어졌다. 그리하여 듣기만 해도 손에 땀이 나는 싸움이 무릇 몇 차례나 벌어진지 모를 정도였다.

숙종 6년(1680) 경신년에 남인 중 역모를 꾀한 자가 있다 하여 남인이 물러나고 서인이 나서게 되었다. 이때에 패자의 처참함은 말로 표현할 수 없을 지경이었고, 아무 죄도 없이 연좌형을 받은 자가 1년에 수천 명에 달했다. 이것을 경신년 대출척(大黜陟)이라고 부른다.

숙종 14년(1688)에 숙종이 총애하는 장 희빈(張禧嬪)이 낳은 아들을 세자로 책봉하는 문제를 인해 서인이 쫓겨났다. 이때 송시열은 사약을 받고 죽었다. 남인이 장 희빈을 등에 업고 한참 득세하다가 숙종 20년(1694)에 이르러 왕이 이전의 잘못을 뉘우치고 서인을 다시 기용하였다. 이로부터 항상 서인이 중용되어 형세가 크게 변하였다.

89. 노론과 소론의 갈림

이 동안에 서인의 중심은 우암(尤庵) 송시열이었다. 그는 경신 대출척의 결과로 조정에 크게 등용되어 대로(大老)의 칭호를 얻고 권세와 위세가 한 시대를 울렸다. 이때로부터 서인 중의 소장파가 선배들을 불만족스럽게 여겨 차차 분리될 조짐이 보였다.

숙종 9년(1683)에 이르러 송시열과 박세채(朴世采) · 윤증(尹拯)의 사이에 의견 충돌이 생겼다. 드디어 숙종 20년(1694) 이후의 격한 논쟁은 대개 같은 서인인 노론과 소론의 대립으로 생긴 것이었다. 이로부터 당론이라 하면 남인 · 북인, 노론 · 소론의 4파로 보는 것이 통례가 되어 4색(色)이라는 명칭이 생겼다.

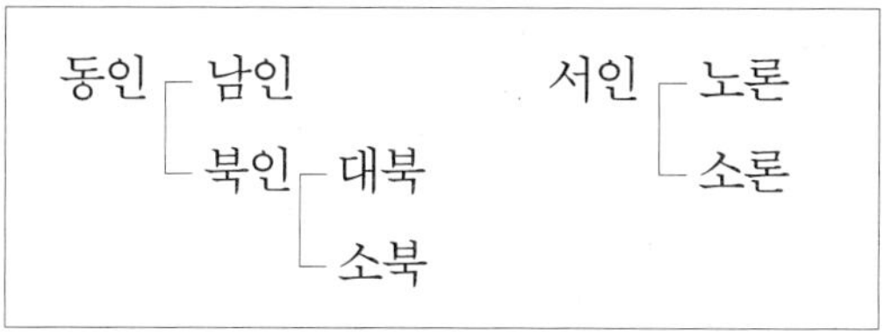

동인 ┬ 남인
　　 └ 북인 ┬ 대북
　　　　　　└ 소북

서인 ┬ 노론
　　 └ 소론

90. 신임사화

숙종대 46년 동안은 당파의 분란으로 시작해 분란으로 끝났다. 숙종 만년에 노론이 중용되자 소론의 원한이 다음 왕 경종이 즉위하자마자 폭발하여 당파가 생긴 이래 가장 큰 참화가 생겼다. 이때에 경종은 34세인데 불치병이 있어 왕자를 낳아 기를 희망이 없었다.

사충 서원(경기, 하남)
신임사화 때 화를 당한 노론 4대신인 김창집 · 이이명 · 이건명 · 조태채를 제향한 서원으로 처음 과천에 건립되었다가 노량진을 거쳐 현재로 이전했다.

정권을 잡고 있던 노론은 미리 경종의 동생인 연잉군(延礽君; 후일의 영조)을 왕위를 이어받을 왕의 동생인 왕세제(王世弟)로 임명하여 중요 업무를 처리할 때에 참여토록 하자고 경종에게 청하였다. 경종이 이를 허락하였다. 그러나 소론은 이에 반대하여 왕세제가 왕을 대리하여 통치하는 명령을 거두게 하고 그 주창자를 불충한 인물이라고 논죄하여 몰아냈다.

소론은 노론 대신 정권을 잡으면서 더욱 노론을 배척하는 정책을 행하였다. 드디어 노론의 무리가 국왕을 죽이고 반역을 꾀한다 하여 많은 사람을 옥에 가둔 대옥(大獄)을 일으켜 원임 대신 이이명(李頤命) · 김창집(金昌集) · 이건명(李健命) · 조태채(趙泰采)를 죽였다. 이밖에 죽임을 당하고 먼 곳으로 귀양을 간 사람이 수백 명에 달하였다. 이 사건이 경종 원년 신축년(1721)으로부터 이듬해 임인년에 걸쳐 있었으므로 이를 신임사화(辛任士禍)라 이른다. 이 동안에 당파 안에 또 당파가 생겨 그 명목이 더욱 번거로워졌다.

제31장 새로운 경제 정책

91. 농사 개량과 대동법 시행

국난 이래로 국가의 지출과 백성의 생활이 매우 곤란해지자 대대로 경제의 개선에 자못 마음을 쓰게 되었다. 효종은 청나라에서 보고 온 논에 물을 대는 기계인 수차(水車)의 신법을 민간에 보급하기에 힘썼다. 현종은 오래 방치되었던 신라 이래의 저수지를 고쳐 짓고, 수리 시설과 제방을 관리하는 제언사(堤堰司)를 설치하여 오래도록 이 일을 관리하게 하였다.

조선에서는 예전에 지방의 조세를 각기 토산품으로 바치느라 백성들의 어려움이 적지 않았다. 이것을 광해주 원년에 영의정 이원익(李元翼)이 일체 쌀로 대신 납부하도록 하는 대동법(大同法)이란 제도를 만들어 인조 초부터 일부 지역에 실시했다. 그러다가 효종 초에 우의정 김육(金堉)이 대동법이 백성에게 편리함을 왕에게 힘써 아뢰어 숙종 초까지 전국에 고루 시행하게 되었다.

92. 화폐 주조

고려 성종이 처음 쇠로 만든 돈을 주조했으나 이내 중단했고, 뒤에 은으로 만든 은병(銀甁)을 썼으나 또한 보급되지 못했다. 이조에서도 종이 지폐[楮貨], 은병, 화살촉 모양의 쇠동전[箭幣] 등을 만들었으나 다 계속 소통되지 못하고 오래도록 무명을 화폐로 삼았다.

숙종 4년(1678)에 물가 조절과 화폐 주조를 맡은 상평청(常平廳) 이하 내외 관청 등으로 하여금 동전을 만들어 이름을 상평통보(常平通寶)라 하고 급히 양반과 상민에 유통하게 하였다. 이 뒤로 금속으로 만든 화폐가 영구히 유통되었다.

※ 고려 성종 15년(996)에 처음 쇠동전을 만들었으나 유통되지 못했다. 숙종 · 예종 · 공양왕 대에 다시 시험했으나 여전히 시행되지 못하였다.

※ 전폐(箭幣)란 것은 버드나무 잎사귀처럼 화살촉을 만들어 평상시에는 화폐로 쓰고, 전란시에는 무기로 쓰는 세계 역사상 특별한 종류의 화폐이니, 세조의 창작이다.

93. 흰옷을 금지함

우리나라는 옛날부터 흰옷을 숭상하여 무늬와 색이 없는 흰옷을 즐겨 입었다. 중간에 이를 좋지 않다 하여 고려에서는 서민에게 푸른 옷을 입게 하였다. 조선에서는 사대부가 붉은 옷을 입다가 명종 이후에 왕실에 초상이 자주 생기면서 흰옷 입는 것이 다시 풍습이 되었다. 선조대부터 흰옷을 금지하여 현종 · 숙종의 양대에 걸쳐 이를 힘써 행하고, 선비들과 백성들로 하여금 푸른 옷을 입게 하였다. 그러나 일반의 고질적인 관습은 갑자기 고쳐지지 아니하였다.

제32장 탕평의 기운

94. 영조의 탕평주의

경종이 4년 만에 세상을 떠나고 왕세제가 왕위를 이으니, 이 분이 영조이다. 영조는 당쟁의 참혹함과 해악을 익히 알아서 초년부터 노론과 소론의 두 당파를 조화하는데 힘을 썼다. 영조는 즉위 4년(1728)에 이인좌(李麟佐)의 모반을 시작으로 계속 일어나는 반역 사건이 대개 당쟁의 여파임을 알고 더욱 탕평이 시급한 일임을 깨달았다.

영조는 노론 영수 민진원(閔鎭遠)과 소론 영수 이광좌(李光佐)를 불러 친히 그들의 융화를 권하는 등 재위 52년 동안에 부지런히 당쟁의 폐해를 바로잡기에 힘을 썼다. 다음 왕인 정조가 즉위하여 영조의 뜻을 이어받아 또한 탕평에 힘을 썼다. 비록 깊은 뿌리를 단번에 다 뽑지는 못했으나 이 뒤에는 전과 같은 격렬한 당쟁이 일어나지 아니하였다.

이때 당인들 중에도 당론이 도리에 어긋남을 생각하여 바로잡을 방법을 꾀하는 이들이 생겼다. 노론의 신관(申轄)은 신임사화 후에 탕평론을 먼저 주장하며 이르기를 "세상의 절반인 소론이 어찌 다 소인이며, 세상의 절반인 노론이 어찌 다 군자이리요. 마땅히 그들 중 현명한 이를 택할 것이요 당파를 묻지 아니할 것입니다."고 하여 영조가 기꺼이 받아들였다.

탕평비(서울, 종로)
서울 문묘 앞에 있다. 1742년(영조 18) 영조가 자신의 탕평책을 알리기 의해 성균관 앞에 세운 비로 내용은, 『예기』의 "신의가 있고 아첨하지 않는 것은 군자의 마음이요. 아첨하고 신의가 없는 것은 소인의 사사로운 마음이다."이다.

아울러 노론의 조도빈(趙道彬)·홍치중(洪致仲), 소론의 조현명(趙顯命)·김동필(金東弼)은 다 이를 받들어 따른 이들이었다. 노론에서 탕평론을 주도한 이들을 노탕(老蕩)이라 하고, 소론에서 탕평론을 주도한 이들을 소탕(少蕩)이라 하고, 그렇지 아니한 자를 준론(峻論)이라 하였다.

한편으로 영조는 농업과 양잠을 권장하고 군역의 부담을 줄이기 위한 균역법(均役法)을 행하여 서민의 부담을 가볍게 하였다. 또한 악형을 제거하여 버리고 미신을 물리치고 사치를 금하는 등 좋은 정치를 많이 행하였으며, 이전부터 내려오는 제도와 문물을 많이 개정하여 정치의 개화를 꾀하고, 백두산을 조상들의 산이라 하여 북방의 높은 산으로 받들어 제사하였다.

95. 사도 세자

영조는 중년 이후에 가정적으로 심히 불행한 경우에 처하였다. 영조는 영빈(暎嬪) 이씨가 낳은 세자, 철모르는 계비(繼妃) 정순 왕후 김씨, 총애한 후궁 문 숙의(文淑儀)가 벌이는 삼각 알력의 사이에서 가끔 총명이 흐려지는 때가 있었다.

영조는 아무 죄가 없는 사람을 헐뜯는 참소를 받아들여 세자를 가족과 떨어져 살게 하였다. 그러다가 즉위 38년(1762)에 이르러 마침내 세자를 폐하여 서인을 만들어 뒤주 속에서 억울하게 죽게 하였다. 이를 사도 세자(思悼世子)라 부르며, 뒤에 장조(莊祖)로 추숭되었다. 즉위 40년(1764)에 장조의 아들인 왕세손(王世孫)으로 하여금 왕위를 잇게 하였다. 그러나 이로 인하여 일말의 어두운 구름이 항상 영조의 말년을 덮었다.

96. 정조가 세도를 열다

즉위 51년(1775)에 영조가 늙어 정신이 흐려지자 왕세손에게 정치를 대신할 것을 명하였다. 일찍부터 사람됨이 불량하여 왕세손의 증오를 받은 그 외사촌 할아버지 홍인한(洪麟漢)은 왕세손의 지혜롭고 총명함을 꺼려하여 이를 반대하고 나섰다. 또한 그는 영조의 외손자로서 궁중에서 방자한 행실이 많아 왕세손과 사이가 좋지 못한 정후겸(鄭厚謙)과 함께 모의하여 왕세손을 해치려 하였다.

그러나 그의 계교가 들어맞지 아니하여 왕세손에게 정치를 대신하게 하라는 영조의 명이 그대로 실현되었고, 또 세자궁인 동궁 소속의 관료인 홍국영(洪國榮)의 호위를 받아 왕세손이 신변에 안전함을 얻었다.

즉위 52년(1776)에 영조가 세상을 떠나고 왕세손이 즉위하였다. 정조는 외척으로서 권세를 쥐고 흔들던 자와 궁중을 어지럽힌 자를 모두 제거하여 궁중의 어지러운 상태를 자못 바로잡았다. 그러나 한편으로 홍국영을 숙위대장(宿衛大將)으로 삼아 궁중의 경비를 맡게 하고, 드디어 그에게 정권을 맡기기에 이르렀다. 이것이 왕의 위탁으로 정권을 집행하는 세도(勢道)란 것의 시초이다.

홍국영이 세도를 잡자 차차 교만해져 임금의 권력을 자기 맘대로 사용하여 이전의 외척보다 더 심하였다. 정조는 즉위 4년(1780)에 그를 향리로 귀양을 보냈다.

정조도 지혜롭고 총명한 자질로 영조의 치적을 이어받아 형률(刑律)·진휼(賑恤)·구호 등 사회 정책에 자못 힘을 썼다. 정조는 더욱 문학을 사랑하여 편찬·간행 등 사업에서 성대한 업적을 남겼다. 영조·정조 두 왕의 시대에는 여러 방면으로 반성과 쇄신의 효과가 나타나 거의 국운이 부흥할 정도였다. 그러나 높게 쌓인 빈약함과 굳어진 폐단으로 말미암아 쉽게 개혁되지 못하였다.

第33장 문화의 진흥

97. 학풍이 변함

문학이 중국에서 생긴 뒤로 학문이라 하면 중국의 문학과 경술

(經術)을 의미하였다. 이조에 들어와서도 오래도록 전해 내려오던 폐단을 벗어나지 못하였다. 임진왜란과 병자호란 이후에 자아라는 사상이 선명해지면서 조선의 본질을 알고 실제를 밝히려 하는 경향이 날로 깊어졌다. 그리하여 영조 · 정조대에 이르러 드디어 학풍이 크게 변하였다.

효종 · 현종대에 반계(磻溪) 유형원(柳馨遠)은 성리학과 과거 문장이 전성기를 누리던 시기에 일평생 조선의 실상을 연구하여 여러 가지 저술을 남겼다. 그가 저술한 『반계수록(磻溪隧錄)』 26권에는 옛날부터 지금까지의 사실에 근거한 조선 경제의 개선책을 논하였다. 이가 실로 새로운 학풍의 선봉이 된 것이다.

반계 이후에 숙종 · 영조대에 성호(星湖) 이익(李瀷)이 나와서 더욱 실증과 실용의 학문을 앞장서서 부르짖었다. 이 학풍이 널리 퍼져 영조 이후에는 학자는 물론이요 단순한 문사라도 그 태도를 실용적 · 내면적으로 가져 조선 연구 분위기가 크게 성하게 되었다.

『동사강목(東史綱目)』 · 『열조통기(列朝通紀)』 등의 저자인 순암(順菴) 안정복(安鼎福), 『강계지(疆界志)』 · 『산수경(山水經)』 · 『동음해(東音解)』 · 『훈민정음도해(訓民正音圖解)』 등의 저자인 여암(旅菴) 신경준(申景濬), 『문헌비고(文獻備考)』의 주된 편집자인 묵헌(默軒) 이만운(李萬運), 『경도잡지(京都雜誌)』 · 『사군지(四郡志)』 · 『발해고(渤海考)』 등의 저자인 혜풍(惠風) 유득공(柳得恭), 『해동역사(海東繹史)』의 저자인 한치윤(韓致奫), 『택리지(擇里志)』의 저자인 청담(靑潭) 이중환(李重煥), 『연려실기술(燃藜室記述)』의 저자인 연려실(燃藜室) 이긍익(李肯翊), 『동국여도(東國輿圖)』의 작성자인 정항령(鄭恒齡) 등은 그 대표적 인물이라 할 수 있다.

이 실학(實學)의 학풍이 계승되어 정조 말경에 다산(茶山) 정약용(丁若鏞)이 나와서 넓은 학문과 정밀한 지식으로써 『경세유표(經世遺表)』 · 『아방강역고(我邦疆域考)』 · 『풍속고(風俗考)』 · 『의학요감(醫學

要鑑)』 등 『여유당전집(與猶堂全集)』 백 수십 권을 저술함에 따라 그 최고조에 이르렀다.

98. 조정의 편찬 사업

영조와 정조 두 왕이 모두 학문을 즐겼다. 특히 정조는 문장에 능하여 스스로 『홍재전서(弘齋全書)』(184권 100책)라는 대저술을 하였다. 수많은 편찬 사업이 이 두 왕대에 이뤄졌는데, 시대의 대세에 응하여 조선의 정해진 법식과 과거의 사례를 다룬 것이 많았다.

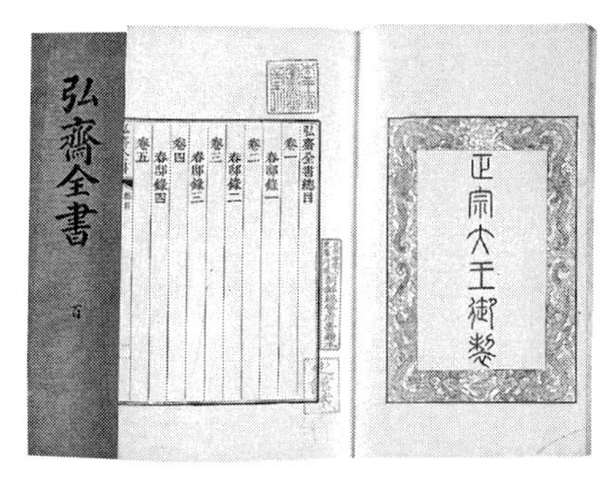

『홍재전서』(장서각)

『국조보감(國朝寶鑑)』 · 『대전통편(大典通編)』 · 『문헌비고(文獻備考)』(240권) · 『해동읍지(海東邑志)』 · 『무예도보통지(武藝圖譜通志)』 · 『문원보불(文苑黼黻)』 · 『동문휘고(同文彙考)』 · 『규장전운(奎章全韻)』 · 『정운옥편(全韻玉篇)』 · 『오륜행실(五倫行實)』 등은 그중의 중요한 것들이다.

99. 북학론

자신에 대한 엄숙한 성찰이 진행됨에 따라 조선의 결함과 그것을 바로잡을 방책을 생각하는 학풍이 일어났다. 그중에 두드러진 것은 조선을 구하려면 먼저 경제적인 방책을 찾아야 하며, 그러기 위해서는 외국인의 실제 생활상 장점을 배워야 한다는 것이었다. 특히 외국의 발달된 교통과 무역의 실제를 본받으려 하던 일파가 있었다. 북방의 청국에서 배우려 했던 점에서 이들의 주장을 북학론(北學論)이라고 부른다.

북학론자는 연암(燕巖) 박지원(朴趾源) · 담헌(湛軒) 홍대용(洪大容) · 아정(雅亭) 이덕무(李德懋) · 초정(楚亭) 박제가(朴齊家) 등 당시에 식견과 문학으로 모두 일대의 준걸들이었다. 이들은 청국의 발전 상황을 실제로 가서 보고 조선과 청국의 우열을 증명하였다. 불행히 이들의 생각이 크게 실현되지는 못했으나 한 시대의 인심을 자극한 효과가 적지 아니하였다. 북학파의 대표적 의견은 박지원의 『열하일기(熱河日記)』와 박제가의 『북학의(北學議)』에 실려 있다.

제34장 외척 정치

100. 김씨의 세도

정조가 재위 24년 만에 세상을 떠나고 왕세자가 11살에 즉위하니 이가 순조이다. 영조의 왕비가 대왕대비로서 정조를 대신해 정사를 처리하고 지사 김조순(金祖淳)이 이를 옆에서 도왔다. 이로 인해 김조순의 딸을 세워 왕비로 삼으니 외척으로서 김씨의 세도가 시작되었다. 이후 60여 년간 정권이 그 집안의 수중에 있었다.

순조 3년(1803)에 대왕대비가 섭정을 거두고 순조가 친히 정사를 보게 되었다. 순조는 성품이 부드럽고 나약하며 외척에 눌려서 치적이 볼 것이 없었다. 외척들 사이에는 집안끼리의 알력이 끊이지 않았다. 요직을 맡으면 교만과 사치, 가혹한 징수만을 일삼아 기강이 무너지고 국사가 날로 잘못되어 갔다. 겸하여 연이어 발생하는 재앙과 기근에 민생이 몹시 피폐하여 불안한 공기가 내외에 서렸다.

101. 홍경래의 난

순조 11년(1811) 12월에 평안남도 용강 사람 홍경래(洪景來)가 이희저(李禧著) · 우군칙(禹君則) · 김사용(金士容) 등과 더불어 반란을 꾀하였다. 평안북도 가산 다부동을 근거지로 삼아 조용히 무리를 모으고, 평서대원수(平西大元帥)라는 이름으로 격문을 관서 지방 일대에 전하였다.

관서 지방은 단군과 기자의 옛 영토로 문물이 찬란하고, 임진왜란과 병자호란 당시 국가에 지극한 충성을 바친 곳이다. 그럼에도 조정이 관서 지방을 경시한 것은 무엇 때문인가? 더욱이 당시는 나이 어린 이가 왕위에 있고 권력과 세력을 가진 간신이 날로 늘어서 김조순 · 박종경(朴宗慶)의 무리가 국권을 도둑질하여 하늘과 땅이 내리는 재앙과 변란이 연이어 일어나고 백성이 도탄에 빠져 앞날을 기약하기 어려운 처지였다.

홍경래는 마땅히 이러한 때에 관서 사람이 분기하여 일어나 국내를 맑게 청소할 것이라고 하며 가산 군수를 죽이고 선천을 빼앗았다. 이듬해 정월에 정주성을 차지하고 굳게 지키자 청천강 이북의 모든 성과 읍이 많이 여기에 응하였다.

반란이 일어났다는 소식이 이르자 조정이 크게 놀라서 이요헌(李堯憲)을 양서 순무사(兩西巡撫使)로 삼아 이를 토벌케 하였다. 이요헌은 안주까지 진출한 반란군을 쫓고 나아가 정주성을 포위했으나 성이 단단하여 오랫동안 굴복시키지 못했다. 4월에 이르러 땅길을 파서 화약을 폭발시켜 겨우 성을 빼앗고 홍경래를 죽이자 난이 평정되었다.

철종 어진

102. 헌종과 철종

순조는 재위 27년(1727)에 세자로 하여금 정사를 대신 맡도록 하였다. 세자는 어질고 현명하고 배움을 좋아하여 장래가 유망했으나 4년 만에 세상을 떠나고 말았다. 세자비가 조만영(趙萬永)의 딸이므로 조씨의 일족이 한참 국왕의 권력을 방자히 행사하여 김씨들과 권세를 다투었다. 이로 인해 살기가 조정에 가득하여 국운이 날로 기울었다.

다시 정사를 맡은 지 5년 만인 34년(1834)에 순조가 세상을 떠나고 세손이 왕위를 이으니 이가 헌종이다. 당시 헌종은 나이가 겨우 8세였기 때문에 순조의 비인 순원 왕후(純元王后) 김씨가 대왕대비(조모)로서 헌종을 도와 정사를 처리하였다.

헌종 5년(1839)에 조인영(趙寅永)이 영의정이 되면서 정권이 조씨에게로 돌아가고, 헌종 6년에는 김씨가 드디어 헌종을 도와 정사를 행하는 수렴첨정을 거두었다. 그러나 김씨의 일족이 오래 뿌리를 내린 터이었기 때문에 그 풀이 얼른 꺾이지 아니하여 김씨와 조씨의 암투가 자못 심하였다. 한편 헌종은 자기의 돌아가신 부친(순조의 세자)을 추존하여 익종(翼宗)이라 일컬었다.

순조 이래 양대에 걸쳐 외척이 권세를 다투고 권력을 마음대로 부렸다. 이런 가운데 헌종은 술과 여자에 빠져 세월을 헛되이 보냈다. 재위 15년(1849) 23세에 세상을 떠나자 후사가 없어 그 뒤를 이을 왕통이 문제였다. 순원 왕후 김씨가 영조의 증손에 속하는 전계군(全溪君)의 아들을 강화도의 농가에서 맞아다가 순조의 뒤를 잇게 하였다. 이가 곧 철종이다.

순원 왕후가 김문근(金汶根)의 딸을 왕비로 삼고 김문근을 봉하여 영은 부원군(永恩府院君)이라 하여 정사를 돕게 하였다. 여러 가지 왕의 정무의 결재가 모두 김문근의 손에서 나왔다. 김문근은 그 조카인 김병학(金炳學)·김병국(金炳國)·김병기(金炳冀)를 다 문무의 요직에 배치하여 김씨의 위세와 권력이 한 시대를 울렸다. 김문근이 또 누이의 아들인 남병철(南秉哲)을 아껴 그에게 권세를 나눠주었다. 그리하여 철종 시대에는 대개 김씨끼리의 암투, 김씨·남씨 간의 다툼, 김씨와 종실의 시기와 꺼림이 벌어지는 추악하고 기괴한 상황이 계속되었다.

이때에는 천주교가 만연하여 정국과 더불어 마찰이 생겼다. 밖에서는 철종 9년(1858)에 러시아가 아이훈 조약(愛琿條約)으로 헤이룽 강 이북의 땅을 청국으로부터 떼어 받았다. 뒤에 러시아가 연해주를 얻어서 우리가 두만강을 사이에 두고 러시아와 경계를 접하게 되었다. 철종 11년에는 영국·프랑스 연합군이 베이징을 점령하고 청나라 황제가 열하(熱河)로 피난을 갔다. 그 여파가 어디까지 미칠지 모르는 형편이거늘 내정이 이렇게 혼란하고 시세에 대하여 아무 성찰이 없음이 이와같았다.

제35장 천주교의 유행

103. 서양 학술의 기원

연산주 초에 포르투갈인이 바닷길로 동양으로 오는 길을 트자 차차 선박의 항해가 빈번해졌다. 중종 말에는 아마항(阿媽港; 현 중국 광둥 성 마카오)을 근거지로 삼고 분주히 중국 · 일본 등과 무역을 행하였다. 명종 말에는 스페인 사람이 필리핀을 근거로 삼고, 광해주 말에는 네덜란드인이 자바를 근거로 삼아 서로 경쟁적으로 동방무역을 힘썼다. 가끔 이들의 선박과 인물이 바람에 흘러 우리 경내로 들어왔으며, 동양의 뱃길이 열린 뒤에는 전도하러 오는 예수교 선교사가 많았다.

선조 원년(1568)에 예수회파 선교사가 일본의 교토(京都)에 그 성당을 지었다. 34년(1601)에 역시 예수회파 선교사인 유명한 마테오 리치(Matteo Ricci)가 베이징에 성당을 세우고, 역법과 대포 제작술 등으로 중국에서 벼슬을 하였다. 이로부터 이들의 문물과 그 종교의 가르침이 차차 우리에게로 전래되었다.

서양인의 입국은 선조 15년(1582년)에 핑리이(憑里伊)란 자가 제주에 표류하여 당도한 것이 처음이다. 서양 선교사가 최초로 입국한 것은 선조 27년(1594) 예수회파 선교사 세스페데스(Gregorio de Cespedes)가 일본군을 따라 조선에 왔던 때였다. 또 서양의 다수 인사들이 다년간 조선에 들어와 살기는 효종 4년(1653년)에 네덜란드 선원 하멜(Hendrik Hamel) 등 38인이 제주로부터 한양에 와서 훈련도감에 편입되어 14년간 거주한 것으로써 시초를 삼는다.

서양의 사정은 이미 중종대에 전해진 적이 있었다. 선조 말에는 유럽의 지도가 전래되었다. 또 이를 전후하여 베이징에서 돌아오는 이들이 마테오 리치의 가르침을 전하기는 했으나 아직 아무 영향이 없었다.

인조 9년(1631) 명나라에 파견된 견명사 정두원(鄭斗源)이 조선에 돌아와 서양인 로드리게스(Joannes Rodoriguez)에게서 얻은 서양의 화포 · 망원경[千里鏡] · 시계[自鳴鐘]와 기타 천문에 관한 기구 · 도서와 『만리전도(萬里全圖)』 · 『서양국풍속기(西洋國風俗記)』 등을 나라에 바쳤다.

또 인조의 세자인 소현 세자가 베이징에서 서양인 아담 샬(Joannes Adam Schall Von Boll)과 교제하여 천문학 · 천주교 등을 질문하고 돌아올 적에 많은 서적과 세계 지도와 천주상(天主像) 등을 가져왔다. 이후로부터 서양 역법의 정미함을 알고 중국에 가는 사절마다 역관이 따라가서 배우려 했으나 그 이치를 얻지는 못하였다.

효종 2년(1651)에 김상범(金尙範)이 많은 뇌물을 주고 베이징의 흠천감(欽天監)에서 그 기술을 배워다가 효종 4년에 이르러 서양 역법을 실행하였다. 이것이 시헌력(時憲曆)이란 것으로서 서양의 문물을 실제로 채용한 시초이다. 이 뒤로 서양 문물에 관한 지식이 각 방면에 걸쳐서 꽤 많이 유입되었다. 제너(Edward Jenner)의 천연두를 치료하는 우두술(牛痘術) 같은 것도 이미 정약용(丁若鏞)의 손에서 실시되었다 한다.

※ 영국 의사 제너가 우두술을 발견한 것은 1796년의 일이니, 정약용이 천주교 옥사에 연좌되어 유배되기 5년 전에 해당한다.

104. 천주학

천주학은 일설에 서학(西學) 혹은 양학(洋學)이라 한다. 그 그림자는 선조 때에 비쳤으나, 그 실체는 인조 때에 드러났으며, 숙종 초에는 교세가 자못 떨쳤다. 영조 · 정조대에 황해 · 강릉 · 경기 각처에 성행하여 다투어 신주(神主)를 묻고 제사를 폐지하였다. 그래서 조정에서 자주 금령을 내리고, 또 그 폐단을 막기 위해 베이징에서 일체의 서적을 사오지 못하게 하기에 이르렀다.

숙종 말에 남인이 실세한 후 서인의 새로운 분파인 노론과 소론

채제공 초상

이 번갈아가면서 정권을 담당했다. 남인들은 차차 그 활력을 다른 방면으로 전용하기 시작했다. 반계(磻溪) 유형원(柳馨遠) 이래로 새로운 학문을 외치는 자가 남인 중에서 많이 나왔다. 자연히 새로운 지식을 흡수하기로 단단히 마음을 먹고 중국으로 가는 사절단이 있는 족족 새로운 서적을 남보다 먼저 사가지고 왔다. 이러한 가운데 천주학(天主學)과의 인연이 또한 깊어졌다.

영조가 탕평책을 실시한 이래 남인이 좀 등용되었다. 정조대에는 남인인 채제공(蔡濟恭)이 영조에게 특별 대우를 받아 재상의 지위에 오르고, 남인의 당파로서 요직을 얻은 자가 생겨났다. 이에 남인 중에 뜻을 이룬 자와 이루지 못한 자가 서로를 꺼려하여 다투기에 이르렀다. 채제공 반대파가 채제공파 중에 서학에 가까운 자가 있음을 기회로 삼아 이들을 얽어서 정조 15년(1791) 신해년에 서학의 옥사가 일어나게 되었다.

또 정조대에는 일종의 새로운 당론이 일어나 시파(時派; 혹은 詩派)와 벽파(僻派; 혹은 碧派)라 하였다. 영조의 아들 사도 세자를 죽인 것을 그르다 하는 자들을 시파라 하고, 옳다 하는 자들을 벽파라 하였다. 채제공은 실로 남인의 영수로서 시론(時論)의 중심이었다. 서인의 벽파는 남인 중의 채제공 반대파와 결합하여 이 신해년의 옥사를 아무쪼록 확대하여 시론을 주장하는 이들을 납작하게 만들려 하였다.

그러나 정조가 그 내막을 잘 알므로 일부러 채제공에게 맡겨 그 옥사를 다스리게 하였다. 채제공이 중간에서 잘 처리하여 양반으로서 사당을 허물고 제사를 폐지한 진산 사람 윤지충(尹持忠)과 권상연(權尙然) 두 사람의 머리를 베고, 그 나머지는 묻지 않았다. 이로써 큰 옥사가 일어나지는 않았다. 그래서 채제공이 3정승의 업무를 홀로 담당하던 10년 동안에는 다시 어찌하지 못했다.

채제공이 죽고 정조가 돌아가매 벽파가 다시 들고 일어나 크게 사악한 옥사를 벌였다. 벽파는 서학을 사악한 가르침이라고 부르며 옥사를 일으켰다. 이보다 먼저 조정에서 아무리 금령을 발표해도 천주학은 갈수록 널리 전파되어 나갔다. 베이징에 있는 천주교의 주교에게 선교사의 파견을 청했더니, 쑤저우(蘇州) 사람 주문모(周文謨)를 보내기로 하였다. 정조 18년(1794) 12월에 주문모가 변복을 하고 압록강을 건너서 한양으로 들어와 7년 동안 열심히 전도를 하였다. 그리하여 그 세력이 사회의 각 방면에 가득해지고, 경기도 광주 · 충청도 제천과 내포 등지가 각각 천주교의 중심지가 되었다.

순조 원년(1801) 신유년에 이르러 황사영(黃嗣永)이 천주교를 믿은 일이 발각되어 그 무리가 모두 붙잡혔다. 황사영은 앞질러 도망하여 서양 군대를 청해 오려 했다고 하여 대역률에 의하여 사지를 절단하여 죽이고, 주문모는 죽여서 머리를 베고, 그 연루자로서 남인의 명사인 이가환(李家煥) · 이승훈(李承薰) · 정약종(丁若鍾) 등과 기타 50~60인은 곤장을 쳐서 죽였다. 정약종의 동생 정약전(丁若銓) · 정약용(丁若鏞)과 이가환(李家煥)의 인척 이학규(李學逵) 및 기타 인사들은 유배되었다.

그런데 이 신유년의 천주교 옥사는 실상 서인의 벽파가 남인의 시파를 넘어뜨린 하나의 방편이었다. 거기에는 영조의 왕비로 사도 세자와 갈등 관계에 있던 정순 왕후가 왕을 대신해 정사를 처리하는 가운데 벽파를 후원한 때문이었다.

105. 서양 선교사가 오다

드러나게 금지하면 숨어서 전하여 천주학의 세력이 갈수록 더욱 성하였다. 로마 교황이 조선 포교가 유망함을 듣고 태국의 부주교로 있는 프랑스인 브루기에르(B. Bruguiere)를 조선 포교사로 보냈으나 만주에까지 왔다가 죽었다. 역시 프랑스 선교사인 모방(Pierre P. Maubant)이 헌종 2년(1836)에 압록강을 건너서 갖은 고초를 다 겪으면서 의주로부터 입국하였다. 이것이 서양 선교사가 조선에 들어온 첫 사례였다.

뒤이어 샤스탕(Jacques H Chastan) · 앙베르(L.M.J. Imbert) 두 사람이 조선에 들어와서 마찬가지로 신도 정하상(丁夏祥)의 집에 머물면서 전도에 종사하였다. 헌종 5년(1839)에 일이 발각되어 서양인 3명과 교도 30여 명이 잡혀서 죽임을 당하였다. 조정에서는 범죄자 색출, 세금 징수, 부역 동원을 위해 민가를 5호씩 묶어 관리하던 오가작통(五家作統)의 규약을 강화하여 서양 종교에 감염되는 자가 없도록 하였다.

그러나 천주교의 교세는 은밀히 지속적으로 퍼져갔다. 철종조에 이르러 금령이 풀어지자 다시 번성해지고 서양 선교사들도 자꾸 들어와서 신도가 전국에 퍼지게 되었다.

정조 때에 천주교 옥사가 일어나자 새로운 서적의 수입을 금지하였다. 뿐만 아니라 민간에 있는 서양 서적으로부터 궁궐 도서관과 국가의 중요 서적을 보관하던 사고(史庫)에 있는 것까지 다 내어 불에 태웠다. 이로부터 조선인은 세계로부터 눈을 받고 새 정신을 차리지 못하게 되었다.

제36장 민중의 각성

106. 소설의 유행

훈민정음이 생긴 후부터 말을 적어 쉽게 알아보는 길이 열려 통속적인 서적이 차차 나왔다. 특히 소설의 발달이 촉진되어 민중의 지식이 크게 향상되었다. 그 소설의 내용은 시대와 사회를 그대로 반영하여 외국에 대한 적개심, 조정 및 권력에 대한 반항 정신, 현실의 고통을 위로받으려 하는 새로운 나라의 탄생 기원 태도를 담은 것이 많았다. 또 신통한 재주를 지닌 사람이 기이한 도술로써 신세계를 출현시키는 경로를 그린 것이 널리 읽혀졌다.

107. 남조선

조선에는 옛날 신도(神道)의 지류로서 예언과 비슷한 것을 적은 비기(秘記)가 심히 민중의 숭배를 받았다. 그런데 임진왜란 · 병자호란의 두 난에 위정자의 무능과 무책을 본 민중이 스스로 살 길을 찾을 때에 현실의 절망이 미래의 이상으로 바뀌었다. 그리하여 이씨 조선은 멀지 않아 끝나고 남조선(南朝鮮)이라는 이상세계가 우리를 완전한 행복으로 이끌어갈 것이라는 신앙이 성립되었다. 이것을 담은 『정감록(鄭鑑錄)』이란 책이 거의 경전과 같은 권위로써 신비하고 심후한 신통력을 민중 사이에 가지게 되었다.

108. 동학이 일어나다

최제우 초상

남방 해상으로부터 들어온 외국인의 가르침을 남인 중 총명하고 유식한 이들이 주축이 되어 전파했다. 이것이 남조선(南朝鮮)의 단서를 여는 것이 아닌가 하여 천주학이 비상한 형세로 민간에 유포되었다. 그러다가 얼마 아니하여 민중 중의 총명한 자가 그것이 오해임을 알아챘다. 그들은 서양 종교가 널리 퍼지는 데에는 무서운 재앙의 소지가 들어있음을 깨닫기 시작했다.

그리하여 특권 계급에 대한 반항 정신과 남조선에 대한 전통적 신념과 외래 사상에서 유발된 민족적 반발력이 합하여 일대 국민 운동을 빚어낼 공기가 순조 이후 헌종 · 철종의 대에 걸쳐서 자못 농후해졌다. 이 기운을 붙잡아 쓰려 한 이가 신라의 고향인 경주에서 나왔다.

최제우(崔濟愚)는 경주 선비의 서자(庶子)로서 어려서부터 불평을 품고 자라났다. 그러다가 차차 시세에 대해 분개심을 품고 사상에 기초한 개혁 운동을 생각하게 되었다. 그는 조선인의 전통적 신앙의 대상인 천주(天主)를 주체로 하고, 거기에 유교 · 불교 · 선도(仙道) 3교의 정화를 융합하고, 남조선을 실현하는 것을 목표로 삼았다. 수행 방법으로 어려운 경전을 치우고 간편한 주문에 의하여 후천(後天)의 개벽(開闢)이 가까이 있다 하여 이름을 서학의 반대인 동학(東學)이라 하였다.

철종 11년(1860)에 최제우는 피압박 계급을 상대로 전도를 해나갔다. 바로 이러한 기회를 찾고 있던 민중은 크게 몰려와 의지하여 멀지 않아 업신여기지 못할 형세를 보였다. 본래는 비밀리에 종교를 포교하던 것이지만, 차차 드러나 선비들과 관료들의 미움을 받았다. 또 천주란 말이 서학과 비슷하다는 의심을 받아서 철종 말년에 세상을 어지럽혔다는 죄목으로 관청에 잡혔다가 이듬 해에 사형을 당했다. 그러나 시대가 요구하는 그 운동은 사회의 밑바닥으로 갈수록 퍼져갔다.

※ 김병기(金炳翼)가 권세를 휘두를 당시인 철종 13년(1862) 4월에 진주에서 누가 시작한지 모르는 민란이 일어났다. 민란군이 탐학한 관리를 쫓아내고 토호를 혼내주자 사방이 여기에 응하여 몇 일내에 경상 · 전라 · 충청 3남 일대가 소요의 소용돌이에 빠졌다. 전라도가 더욱 심하여 감사가 쫓겨 오기에 이르니, 이것을 민간에서 '우통' 혹 '진주통'이라 하여 일시 조정과 민간이 놀라고 떨었다. 조정에서 박규수(朴珪壽)를 안핵사로 보내 백성의 괴로움을 조사하여 그것을 제거한 뒤에야 비로소 난이 진정되었다. 이것은 물론 동학 운동과는 완전히 별개의 일이지만, 또한 당시의 시세를 짐작하기에 좋은 사건이었다.

※ '우통'이라 함은 인민이 '우우'하고 일어났다 하여 이름한 것이라 한다.

조 선 역 사 강 화

최 근

제37장 대원군의 집권

109. 대원군의 개혁

흥선 대원군

철종이 재위 14년(1863)에 세상을 떠났으나 자식이 없었다. 왕대비인 익종 비(翼宗妃) 신정 왕후(神貞王后) 조씨가 교지로 영조의 고손자인 흥선군(興宣君) 이하응(李昰應)의 둘째아들을 맞아서 익종의 대통을 잇게 하였다. 이가 곧 고종(高宗)이다.

고종은 왕대비 조씨를 높여서 대왕대비라 하고, 대비인 헌종 비 효정 왕후(孝定王后) 홍씨를 높여서 왕대비라 하고, 철종 비인 철인 왕후(哲仁王后) 김씨를 대비라 하고, 부친 흥선군을 높여서 대원군(大院君)이라 하였다. 신왕의 나이가 겨우 12살이매, 대왕대비 조씨가 정사를 돌보고 대원군으로 하여금 여러 가지 정무를 처결하게 하였다.

대원군은 정권을 잡자 우선 외척으로서 전횡하던 김씨를 누르며 당론의 고질적 폐단을 뿌리 뽑고자 사색(四色) 평등의 견지에서 오랫동안 굴욕을 당해왔던 남인과 북인을 등용했다. 귀족의 전횡을 막을 양으로 국조 이래의 지방적 차별과 계급적 격차를 깨뜨려서 개성 사람과 평안·함경 양도의 사람과 서민에게 차차 좋은 관직과 중요한 자리를 주었다.

썩은 유생들의 소굴이요 토호가 기대는 곳이라 하여 서원의 왕인 화양 서원(華陽書院)·만동묘(萬東廟) 이하 서원의 대부분을 헐어 버렸다. 군포(軍布)라 하여 상민만이 부담하던 병역세를 호포(戶布)

만동묘(충북, 괴산)

로 고쳐서 양반도 이를 균등히 분담하게 하였다. 탐학한 관리를 엄치 다스리고 나약하고 사치한 풍속을 통렬히 금하여 5백 년 이래의 대용단 · 대개혁을 행하였다. 이처럼 60년간 김씨 세도 아래에 침체된 공기를 크게 청신하게 하였다. 그러나 강직하고 굽힘 없고 결단력이 있는 반면에 거칠고 사납고 방자하고 어그러진 폐단도 적지 아니하였다.

대원군은 고종 2년(1865)에 새 정치의 위엄을 나타내기 위해 임진왜란 이후로 잿더미 속에 묻혔던 경복궁을 중건했다. 이때 중건 자금이 나올 재원이 없자 인근 도의 백성들에게 부역을 시키고, 원납전(願納錢)이라 하여 백성으로 하여금 금전을 내어 돕게 하고, 당백전(當百錢)이라 하여 한 개를 100문(文)으로 쓰는 돈을 발행하여 화폐의 신용을 떨어뜨렸다. 이 거대한 공사를 강행했기 때문에 백성의 원망이 크고 국가의 경제적 타격이 비상하였다.

고종 4년(1867)에 왕비를 택할 때 종래 외척이 정사에 간섭하는 것을 미워하여 장인이 없는 집안에서 맞이한다 하여 민씨의 딸을 뽑아 들였다. 이것들은 대원군이 영특하고 현명하기에 비로소 단행을 한 일이다. 그러나 그 취지가 다 좋은 것이었으나 이것이 그

대로 후일 대원군의 실각의 원인이 되었다.

※ 만동묘는 바로 서원은 아니지마는 명말의 신종(神宗)과 의종(毅宗)을 우러러 제사하는 곳으로서 화양 서원의 모태가 되었다. 둘이 다 충청북도 청주 화양동(華陽洞)에 있었다. 만동묘는 대원군 때 헐렸으나 대원군 실각 후 1874년에 복구되었다. 일제 시기에도 유생들이 명나라 황제 제사를 지내므로 강제 철거 되었다가 지금은 복구되었다.

110. 천주교의 압박

천주교는 철종대에 금령이 좀 풀려 교도가 늘어갔으나 조정의 공식적인 허가를 얻지 못한 것을 한스럽게 여겼다. 철종 말에 청국과 러시아가 맺은 새 조약에 의해 조선이 러시아와 더불어 국경을 접하게 되었다. 고종이 즉위하던 해에 러시아인이 경흥에 와서 통상을 요청하자 조정이 크게 근심하여 거절하고 배척할 방법을 생각했다.

이때 대원군이 천주교도를 이용하려 하였고 천주교도가 또한 이 기회를 이용해 신앙의 공인을 얻고자 하였다. 서로 왕래하며 획책을 하다가 대원군과 교섭하는 사람 사이에 감정의 충돌이 생겼다. 그런데 사정을 알고 보니 러시아인이 와서 요청하는 것이 깊이 걱정할 것은 아니었다.

천주교도를 이용할 필요가 없고 천주교도에 대한 증오심만 남은 판에, 서학의 배척자들이 대원군을 충동하고 나섰다. 이에 고종 3년(1866) 정월에 천주교를 배척하는 국왕의 포고문인 척사(斥邪)의 윤음(綸音)을 내면서 천주교도 남종삼(南鍾三) 등과 프랑스 선교사

다수를 잡아서 죽이고 팔도에 엄령을 내려 교도를 체포하고 일대 학살을 행하였다.

111. 양요

선교사 중의 한 사람인 리델(Felix Clair Ridel)이 몰래 황해도 장연에서 배를 타고 중국의 즈푸(芝罘)로 가서 톈진(天津)에 있는 프랑스 극동 함대에 이 참상을 보고했다. 서양인들이 크게 분개하여 프랑스 함대는 곧 출동하려 하였으나 마침 베트남에 일이 있어 그리로 먼저 갔다.

고종 3년(1866) 8월 10일 로즈(Pierre-Gustave Roze) 제독이 군함 3척을 거느리고 인천 앞바다에서 강화 해협을 거쳐 한강을 거슬러 올라왔다. 프랑스 군함은 양화 나루에 이르러 제반 정세를 살피고 8월 23일에 떠나서 돌아갔다. 로즈 제독은 9월 5일에 다시 전함 쥬리에르 이하 5척의 군함을 거느리고 인천 해상의 물치도에 와서 진을 쳤다.

프랑스군은 작은 포함으로 강화로 올라왔다. 9월 7일에 강화성으로 침입하여 처음 충돌이 생겨서 우리의 총포와 서적이 많이 약탈을 당했다. 18일에 프랑스군 120명이 한양으로 향하려 하여 통진으로 건너왔다. 초관 한성근(韓聖根)이 이를 저격하여 20여 명의 사상자를 내어 물리쳤다. 이 전투에서의 승리로 우리 사기가 크게 떨쳤다.

10월 1일에는 프랑스군 60여 명이 정족산성으로 올라오는 것을 순무천총 양헌수(梁憲洙)가 맞아 싸웠다. 프랑스군은 30여 명의 사상자가 나는 피해를 입자 전군이 그만 무너지고 패하였다. 우리 군사들은 사방에서 모여드는데, 프랑스군은 숫자가 적고 사기를 잃어 어찌할 수 없음을 깨달았다.

정족산성(인천, 강화)
병인양요 때 프랑스군은 정족산성 전투에서 패하고 결국 철수하였다.

프랑스군은 경기를 엿본 지 1개월 만에 마지막 10월 4일에 강화에 불을 지르고 5일에 인천 해상의 물치(勿淄; 현 영종면 작약도)로 가서 물러갔다. 이것이 병인양요(丙寅洋擾)란 것이다. 이 뒤에 프랑스에 일이 있어 프랑스군은 다시 출동하지 않았다.

고종 5년(1868) 4월에 유태계 오페르트(Ernst J. Oppert)가 천주교의 원수를 갚는다는 핑계로 차이나 호란 기선에 프랑스인 · 미국인 · 중국인 · 말레이인 각 약간 명과 조선인 4명을 데리고 조선에 왔다. 오페르트는 충남 덕산에 있는 대원군의 부친 묘소를 발굴하다가 성공하지 못하고 영종 첨사에게 격퇴를 당했는데, 실상은 보물을 약탈하려는 것이 목적이었다 한다.

고종 5년 여름에 미국인 프레스톤(W. B. Preston) 소유의 범선 제너럴 셔먼(General Sherman) 호가 상품을 싣고 톈진(天津)에서 즈푸(芝罘)를 거쳐 7월 11일에 홍수로 불어난 물을 타고 대동강을 거슬러 항해하여 평양 만경대까지 올라왔다. 그러나 강물이 빠져 배가 행해가 어렵게 되자 양식이 궁하여 약탈을 행하였다.

이에 평양의 군사들과 백성들이 덤벼서 제너럴 셔먼 호를 불 지르고 영국인 개신교 선교사 토마스(R. J. Thomas) 등을 참살한 일이 있었다. 그 뒤에 중국에 있는 미국인이 그 배가 오랫동안 돌아오지 아니함을 이상하게 생각하여 종적을 탐색했으나 알 수가 없었다.

고종 8년(1871) 4월에 베이징에 있는 미국 공사 로우(F. F. Low)가 미국의 아시아 함대 사령관 로저스(J. Rofgers)와 함께 지휘함 콜로라도 호 이하 5척의 군함을 거느리고 물치로 와서 정찰과 담판을 개시하였다. 4월 24일에 강화 해협의 덕진진을 빼앗고 광성진으로 거슬러 올라오자 중군 어재연(魚在淵)이 역습하여 대파하였다.

그러자 미국군이 육지로 내려와 산을 끼고 우리 진을 둘러싸고 덤벼 장렬한 백병전 끝에 어재연은 죽고 조선군은 무너져 패하였다. 그러나 미국군도 와서 머무른 지 한 달여 만에 아무 다른 도리가 없자 5월 16일에 무료히 퇴거하고 말았다. 이것이 신미양요(辛未洋擾)란 것이다.

대원군은 여러 번 양요를 만났으나 번번이 물리쳤다. 그러자 대원군은 외국이 무서울 것이 없다고 속단하고 천주교를 배척하고 서양을 물리치자는 척사척양(斥邪斥洋)의 새 결심을 하였다. 이에 민심이 나아갈 방향을 보인다 하여 척화비(斥和碑)를 한양의 종로와 국내의 대도회지에 세웠다.

> 서양 오랑캐가 침범했으니 싸우지 않으면 화친해야 한다. 그러나 화친을 주장하는 것은 나라를 팔아먹는 것이다. 우리 만대 자손에게 경계하노라.

그러나 경복궁의 공사와 양요의 영향으로 국가 재정이 심히 어려워졌다. 그리고 고종 4년(1867)에 조 대비가 정사를 대원군에게 위임한 뒤로부터 왕후를 중심으로 하는 하나의 세력이 형성되어 대원군의 위망이 전과 같지 못하였다. 고종 10년(1873)에 이르러 대원군이 드디어 정권을 왕에게 돌리니 이로부터 민씨의 세력이 차차 조정을 덮었다. 이 뒤로부터 대원군과 민비와의 갈등이 종종의 변고를 빚어내게 되었다.

제38장 일본과의 관계

112. 강화의 수호 조규

일본이 도쿠가와 막부(德川幕府) 말기에 유럽과 통상 관계를 맺은 뒤로 조선은 그 심사를 의심하여 일본과 외교 관계를 끊었다. 고종 5년(1868) 일본의 정권이 왕실로 돌아가매 신정부는 그 사연을 조선에 통지하고 다시 수호하기를 구하였다.

그런데 그 문자가 전일과 같이 공손치 아니하므로 당시 일본에 대해 외교를 관장하던 동래부 훈도 안동준(安東晙)이 일본과 주고받던 서계(書契)를 받지 아니하였다. 말이 오고 가는 사이에 일본의 감정을 크게 상하게 했으나 대원군이 집권한 동안에는 교통이 이루어지지 않았다.

고종 10년(1873)에 대원군이 실각하고 민씨가 정권을 잡자 외교의 방침이 차차 변하였다. 12년(1875)에 일본 군함 운요 호(雲揚號)가 강화도 동남방의 난지도 부근에 닻을 내리고 한강을 엿보자 우리 포대가 이것을 포격하여 충돌이 생겼다. 이듬해 병자년(1876) 정월에 일본이 군함 2척, 운송함 3척으로써 전권대신 구로다 기요타카(黑田淸隆)·의관 이노우에 가오루(井上馨) 등을 보내 이 일을 힐책하는 체하였다. 실상 일본은 이것을 기틀로 하여 조선과 수호 조약을 맺으려 하였다.

하나부사 요시타다

이에 조선 정부는 접견 대신 신헌(申櫶)과 부관 윤자승(尹滋承)을 보내 일본과 담판을 벌이게 했으나 의견이 잘 맞지 않았다. 이때 우의정 박규수(朴珪壽)와 역관 오경석(吳慶錫)이 세계 대세상 통상 · 수교의 부득이함을 힘써 주장하여 2월 초2일(양력 2월 26일)에 강화에서 양국의 수호 조규가 성립하였다. 이는 우리가 외국으로 더불어 새로 조약을 체결한 시초이다.

이 조규는 전문(全文)이 12조이다. 먼저 조선이 자주국으로 일본국과 평등권을 가졌음을 밝히고, 다음에 사절을 교환하며 부산 외에 다시 2개의 항구를 열기로 한 것이다. 이 결과로 고종 13년(1876) 4월에 예조 참판 김기수(金綺秀)가 수신사(修信使)로 일본을 답례로 방문하였다.

고종 16년(1879)에 일본 외무대승 하나부사 요시타다(花房義質)가 대리 공사로 국서(國書)를 가지고 와서 서대문 밖 천연정이란 정자 옆의 청수관에 머물며 회담을 하였다. 그리하여 먼저 부산의 개항을 정하고, 이듬해에 원산을 개항하고, 고종 20년(1883) 1월에 인천을 개항하였다.

고종 18년(1881) 4월에 조준영(趙準永) · 박정양(朴定陽) · 심상학(沈相學) · 조병직(趙秉稷) · 민종묵(閔種默) · 어윤중(魚允中) · 엄세영(嚴世永) · 강문형(姜文馨) · 홍영식(洪英植) · 이원회(李元會) · 이봉의(李鳳儀) 등을 보내 신사(紳士)로 일본을 유람하고 돌아오게 하였다. 이들이 개화당(開化黨)이란 이름을 들었다.

이듬해 임오년(1882) 정월 통리기무아문(統理機務衙門)을 설치하여 거기에 동문(同文) · 군무(軍務) · 통상(通商) · 이용(利用) · 전선(典選) · 율례(律例) · 감공(監工) 등 7개 사(司)를 부설하였다. 이들 개화당이 요직을 차지하였다. 동년 2월에는 군사 제도를 개혁하여 새로이 장어(壯禦) · 무위(武衛)의 2영을 설치하였다.

일본 중위 호리모토 레이조(堀本禮造)를 예를 갖추어 초빙하여 무위영 산하의 병사들에게 신식의 교련을 시키게 하고, 이를 별기군(別技軍)이라고 하였다. 다시 관료들의 자제 중 나이가 어리고 재주가 뛰어난 이들 100여 명을 뽑아서 이를 사관생도라 하여 훈련도감의 산하 관청인 하도감(下都監)에서 기예를 배우게 하였다.

113. 미국과의 통상 조약

원래 조선은 인조 이래로 청국의 연호를 쓰고 해마다 공물을 보내는 관계를 맺었다. 그러나 일체의 정무는 자유 · 독단으로 행하여 양자의 관계가 명료치 못하였다.

보빙사 일행(워싱턴)
1883년(고종 20) 최초로 미국에 파견된 사절단 일행이다

조선에서 고종 초에 천주교도 학살, 제너럴 셔먼 호 사건 등이 일어나서 프랑스 · 미국 두 나라가 교섭의 상대가 누구인가를 청국 정부에 물었다. 그러자 청국이 선전 · 강화의 기능이 조선의 자유에 있다고 말하였다. 뒤에 청국은 일본에 대해서도 이러한 성명을 하여 강화도 조약의 제1조에 조선의 자주국임을 언명하게 되었던 것이다.

이로부터 일본 세력이 조선에 퍼질 조짐이 생겼다. 이에 청국이 전일의 태도를 변하여 조선을 각국의 균세 하에 두려고 하였다. 그 외교 당국자인 이홍장(李鴻章)이 조선을 권하여 구미와 더불어 통상조약을 체결하게 하고, 그 제일착으로 조미 수호 통상 조약이 고종 19년(1882) 4월 초6일(양력 5월 22일)에 성립되었다. 이것이 구미와 조약을 체결한 시초이다.

114. 임오군란

조정이 일본과 더불어 친밀하게 지내고 거기에 민씨가 정계에 들어와 주선하는 것은 수구파라 부르던 이들과 대원군이 괘씸하게 여기던 바였다. 새 군사 제도를 채용한 결과로 이미 파면되고 또 장래를 두려워하고 있던 군사들은 개화당과 민씨에 대한 불평이 적지 아니하였다.

6월에 이르러 구식인 훈련도감 군사들이 밀린 급료를 타는데 모래 섞인 거친 쌀을 주었다. 이에 군중의 분노가 격발하여 바로 영문(營門)으로 돌아와서 각자 무기를 가지고 여러 부대에 나뉘었다. 한 부대는 대원군에게 사정을 하소연하고, 한 부대는 급료의 책임자인 선혜청 당상 민겸호(閔謙鎬)의 집으로 달려가고, 한 부대는 탐학과 불법을 자행하던 여러 민씨와 그 추종자들의 집을 때려 부수고, 한 부대는 훈련도감의 산하 관청인 하도감으로 가서 일본 군사 교관 호리모토 레이조를 죽이고, 날이 저물어 한 부대는 소리를 지르며 서대문 밖의 일본 공사관을 습격하였다.

이튿날 해 뜰 녘에 다시 난군이 돈화문(敦化門)으로 돌입하여 임금의 처소인 침전 앞에서 민겸호 이하를 죽였다. 난군의 위해가 민씨에게 미치려 하자, 민비는 옷을 바꾸어 입고 후문으로 탈출하여 충주로 화를 피하기에 이르렀다. 대원군이 변란을 듣고 대궐에 들어가 겨우 이를 진정시키고 인하여 신설한 군영들을 혁파하였다. 일본 공사는 스스로 공사관에 불을 지르고 인천으로 가서 영국 군함의 원조를 얻어 본국으로 돌아갔다.

제39장 일본과 청국의 갈등

115. 청국의 간섭

대원군이 임오년(1882) 6월의 변을 진정시키고 잠시 정권을 도로 잡았다. 민씨의 당이 톈진에 있는 김윤식(金允植)에게 전보를 쳐서 대원군이 난리를 일으키니 대원군을 청국에 청하라고 하였다. 김윤식이 이홍장에게 이 뜻을 통하자 이홍장이 이 기회를 타서 조선의 내정에 간섭할 것을 생각하였다.

7월에 이홍장은 정여창(丁汝昌)의 북양 함대에 오장경(吳長慶)·마건충(馬建忠) 이하와 군사 3천 명을 실어 조선으로 보냈다. 정여창은 먼저 속이는 계책으로 대원군을 붙잡아 군함에 싣고 갔다. 오장경은 부하인 장건(張謇)·오조유(吳兆有)·원세개(袁世凱)와 함께 서울에 주둔하기로 하고, 훈련도감 산하 관청인 하도감에 머물렀다. 그리고 그는 원세개로 하여금 임오군란 이후에 신설된 좌영·우영 2개의 친군영을 감독·훈련하게 하였다.

12월에 고종은 청국의 관제를 본떠 통리군국사무아문(統理軍國事務衙門)을 두어 외교를 맡게 하였다. 이때 이홍장이 추천한 독일인 묄렌도르프가 고문으로 있으며 또 이홍장의 막하이던 영국인 하트(Robert Hart)가 세관을 맡아보았다. 이홍장의 계책으로 이듬해 고종 20년(1883) 4월에 영국·독일과 더불어 통상 조약을 체결하고, 또 다른 외국과 같이 청국과도 통상 조약을 맺었다. 다시 이듬해 고종 21년(1884) 5월에 조선과 이탈리아 조약이, 8월에 조선과 러시아의 조약이 성립되었다. 한편 민씨는 1882년 8월에 충주로부터 환어하였다.

116. 개화를 일본에서 본뜸

일본 공사 하나부사 요시타다는 일본 정부의 명을 받고 즉시 해군 · 육군 약간 명과 함께 인천으로 와서 담판을 개시하였다. 그러나 돌아갈 단서를 얻지는 못하였다. 그러다가 대원군이 청국에 잡혀간 뒤에 이유원(李裕元) · 김홍집(金弘集)이 전권대신이 되어 고종 19년(1882) 7월 17일에 제물포 조약이란 것을 맺어 이를 문서로 처리하였다.

그 내용은 대개 조선이 배상금 50만 원을 5년에 나누어 내도록 하고, 일본 공사관에는 호위병을 두고, 조선으로부터 국서로 사과의 뜻을 받는다는 등 조건이었다. 그리하여 조약이 체결된 지 몇 개월 만에 박영효(朴泳孝)를 특파대사로 삼고, 김만식(金晩植) · 김옥균(金玉均)을 그 부사로 삼아 유감의 뜻을 표하러 일본으로 보냈다. 이때에 태극기를 비로소 국기로 사용하였다.

일본에서 박영효 일행은 조용히 일본과 연결하여 청국의 구속을 벗어나고 또 개화의 본보기를 일본에서 취할 것을 도모하고, 돌아와 국정 개혁의 의견을 고종에게 상주하였다. 1882년 11월에 일본으로부터 학술가로 우시바 다쿠조(牛場卓三), 무예자로 마쓰오 미요타로(松尾三代太郎) 등을 고문으로 초빙하여 우선 신문물의 수입에 힘을 썼다.

이듬해 1883년에 전환국(典圜局; 주전소) · 기기국(機器局; 제조소) · 박문국(博文局; 인쇄소) 등을 설치하고, 농상(農桑) · 직조(織組) · 채광(採鑛) · 산업(産業)을 권도하고 교통의 편리함을 여는 등 개화의 실적이 적지 아니하였다. 그러나 이것은 청국과 청국을 배경으로 하는 당시 대다수 조정 관료들이 즐겨하는 바는 아니었다.

1882년 11월에 일본에서 다케조에 신이치로(竹添進一郎)가 판리공사로 하나부사 요시타다를 대신하여 오고 병사 3백이 호위로 따라와 있게 되었다.

117. 박문국

박문국은 신서적을 간행하여 민지를 계발할 목적으로 설립한 것이다. 추금(秋琴) 강위(姜瑋)·죽존(竹尊) 박영선(朴永善) 등 한 시대의 문사가 일본인 이노우에 가쿠고로(井上角五郎)와 더불어 그 일을 맡았었다. 1883년 10월에 그곳에서 발행한 『한성순보(漢城旬報)』는 조선에 있어서 신식 신문의 효시였다.

이것이 중간에 폐간되었다가 3년 뒤 1886년 11월에 이름을 고쳐 『한성주보(漢城周報)』라 하여 속간되었다. 김윤식과 이노우에 가쿠고로가 상의하여 한글과 한문을 섞어 기사를 만든 것이 우리 신문체의 시초이다.

※ 『한성순보』의 내용은 지금 말로 하면 관보에 잡지를 겸한 것이었다.

제40장 갑신 10월의 변란

118. 개화당의 연원

순조 이후로 서양의 신문물을 접하게 되었다. 그러나 사람들은 그것을 흔히 다른 지역 다른 사람들의 일로 알고 겨우 배우기를 생각하는 것은 역법에 관한 것뿐이었다. 천주학을 신앙하고 서양인과 교제하는 자들도 흔히 그 위세를 빌리려 할 뿐이요, 그 너머에 있는 신세계·신시대에 대하여 정신을 차리는 이가 적었다.

세계는 연방 와서 흔들어대건만 조선은 묵은 꿈을 깨지 못한 상태였지만, 민간에 간혹 세계와 조선과의 새로운 형세에 대하여 깊은 근심과 치밀한 주의를 가지고 더욱 신지식을 흡수하여 신도약에 적응할 일을 생각하는 이들이 있었다.

귀와 눈과 입이 미치는 범위를 다하여 신학술 전체를 섭취하여 『명남루전서(明南樓全集)』 수백 권을 저술한 최한기(崔漢綺)와, 동서고금과 하늘 · 땅 · 사람에 관한 온갖 사실을 해석하고 증명하여 『오주연문장전산고(五洲衍文長箋散稿)』 60권을 찬술한 이규경(李圭景)과, 국가의 경륜은 실제 형세를 정확히 이해함으로써 출발한다 하여 필생의 답사로써 『대동여지도(大東輿地圖)』 22첩과 『대동지지(大東地志)』 15권을 고증하여 완성한 철종 · 헌종대의 김정호(金正浩)는 그중에 쟁쟁한 자들이다.

고종조에 들어와서는 아무 지식과 경륜이 없으면서 허전한 기운과 쓸모없는 말로써 서양 배척과 일본 배척을 소리 높여 외치고 있었다. 이러한 가운데 오직 역관 오경석(吳慶錫)이 베이징 사절 관계로서 세계의 형세를 살펴 헤아려 정부 요직에 있는 박규수(朴珪壽)를 움직여 개국의 방침을 책정하게 하였다. 강화도 조약 전후의 외교의 새로운 국면이 심한 파탄을 면한 것은 오경석의 도움에 힘입은 것이다.

그런데 오경석이 관료들을 이끌어 외교를 운용할 때에 벼슬하지 않고 초야에 은거하여 『해국도지(海國圖志)』 · 『영환지략(瀛環志略)』 등으로써 세계의 사정을 헤아려 살피면서 내정의 국면 전환에 뜻을 두고 가만히 귀족 중의 영준을 규합하여 방략을 가르치고 의지와 기개를 고무하여 준 이가 있었다. 당시 지식인 사이에 백의정승(白衣政丞)이란 이름을 얻은 유대치(劉大致)가 바로 이 사람이다.

박영효(朴泳孝) · 김옥균(金玉均) · 홍영식(洪英植) · 서광범(徐光範)과 귀족 아닌 이로 백춘배(白春培) · 정병하(鄭秉夏) 등은 다 유대치

우정총국(서울 종로)
갑신정변이 일어난 역사적 현장이다.

문하의 뛰어난 인재였다. 이들은 일본을 이용하여 청국을 몰아내고 러시아의 도움으로 만주를 회수하여 청년 중심의 새 국가를 건설한다는 이상을 품고 있었다. 박영효 · 김옥균 등이 여러 해 전부터 일본 교섭의 선두에 선 것도 실상 유대치의 지도 중에서 나온 것이었다. 세상이 개화당이라고 지목하는 이는 대개 유대치의 문인을 이름이었다.

119. 10월의 변란

1882년 이후에 민씨를 중심으로 하는 보수파는 청국을 보호막으로 삼아 세력을 늘렸다. 민태호(閔台鎬) · 김병시(金炳始) · 김병국(金炳國)이 중심이 되고, 민영익(閔泳翊) · 이조연(李祖淵) · 한규직(韓圭稷) · 윤태준(尹泰駿) · 조영하(趙寧夏) 등이 그 주위에 있었다.

여기 대하여 일본과 협력하여 국정을 개혁하고 청국의 속박을 벗고자 하는 일파를 개화당 혹 독립당으로 불렀다. 홍영식 · 김옥균 · 박영효 · 박영교(朴泳敎) · 서광범 · 서재필(徐載弼) 등이요, 대개 30세 전후의 나이가 어리고 기상이 출중한 자들로서 외국을 다녀온 지식으로써 주상의 총애를 받았다.

그런데 이 두 파가 국정에 대한 의견을 달리하고 또 배후에는 서로 대립하는 사이인 일본과 청국으로부터 충동질을 받으며 군사 문제에 충돌이 생겨 차차 양립하기 어려운 형세를 나타냈다. 홍영식 · 김옥균 등은 일본의 중요 인사들과 더불어 꾀한 다음 반대당에 대하여 일대 탄압을 가하기로 작정하고 기회를 기다렸다.

고종 21년(1884) 갑신년 6월 이후에 청국이 베트남 사건으로 인하여 프랑스와 청국 푸젠 성(福建省) 해상에서 싸워 대패했다는 기별이 한성에 당도했다. 개화당은 청국이 조선을 돌아보지 못할 이 기회에 거사하리라 하고, 10월 17일(양력 12월 4일)에 신설하는 우정국(郵政局)의 개업식 야간 연회를 이용하여 드디어 손을 대었다.

당일 오후 6시에 우정국장 홍영식의 초대를 받고 모임에 참석한 자가 고관 십여 인과 각국 사신(일본 공사는 미참)들이었다. 연회가 반쯤 지나 밖에 화재가 났다 하매 연회객들이 놀라서 문밖으로 나갔다. 이때 민영익이 앞에 섰다가 자객의 칼을 맞아 쓰러지니, 대개 미리 약속하였던 일이라.

이 틈에 김옥균 · 박영효는 바로 궁중으로 들어가서 청국군이 변란을 일으켰다 하고 일본군의 호위를 얻어 고종을 경우궁(景祐宮)으로 옮겼다. 그리고 사관생도를 시켜 민태호 · 조영하 · 이조연 · 윤태준 · 한규직 · 민영목(閔泳穆) 등을 죽이고 개화당의 신정부를 수립하였다.

이튿날 오후 5시에 고종이 창덕궁으로 환어하고 일본군이 일본 공사의 지휘 하에 궁중의 요소를 파수하였다. 밤 동안에 상황이 변하여 이튿날 19일 아침에는 사간원 사간 이봉구(李鳳九)의 인도로 청국 여러 진의 병사 4백여 명이 선인문(宣人門)으로 들어와서 일본군과 충돌하였다. 일본군은 종일 청국군과 다투다가 물러갔다. 고종은 홍영식·심상훈(沈相薰)의 호위를 받고 비빈들이 피난한 북묘(北廟)로 들어갔다가 원세개의 진영으로 거처를 옮겼다.

대개 이번 변란은 미리부터 일본과 더불어 상의한 뒤에 거사한 것이었다. 그러나 기대하던 일본의 원조가 예정한 기한에 오지 못하므로 이 이상 진행하지 못하고 아무런 성과도 낳지 못한 채 끝나고 말았다. 20일에 일본공사 이하가 격앙한 조선 민중의 습격을 받으면서 퇴거하였다. 이때 김옥균·박영효·서광범·서재필 등이 이 틈에 끼어서 일본으로 망명하였다.

홍영식·박영교는 북묘에서 피살당하고, 유대치는 행방불명이 되고, 청년당의 유신(維新)의 계획이 꿈같이 사라지고, 즉시 민영준(閔泳駿)·민영환(閔泳煥)·민영익·민응식(閔應植) 등을 중추로 하는 보수파의 천지가 도로 나왔다. 이것이 갑신 10월의 변란이라는 것이다. 10월 23일에 고종이 비로소 환어하셨다.

120. 톈진 조약

11월에 일본이 전권대사 이노우에 가오루(井上馨)를 보내 보병 2대대의 호위 하에 한성으로 들어왔다. 우리는 김홍집(金弘集)으로 하여금 교섭을 맡도록 하여 수차 일본 측과 절충하였다. 그 뒤에 조선이 일본에 사과를 표시하는 사신을 보내고 일본 공사관을 신축할 기지와 및 비용을 담당한다는 등의 조건을 내걸어 10월 변란의 후속책을 마감하였다. 이것이 한성 조약이란 것이다.

일본 사신 이노우에보다 청국에서 보낸 오대징(吳大澂)이 먼저 한성에 들어왔으나 일본과 청국 간에는 아직 말이 없었다. 이듬해 고종 22년(1885) 3월에 일본이 이토 히로부미(伊藤博文)를 대사로 하고 사이고 쓰구미치(西鄕從道)를 부사로 삼아 청국에 가서 갑신년 한성에서 청국군이 일본인에게 준 손해의 책임을 묻게 하였다.

청국은 이홍장 · 오대징으로 하여금 텐진에 모여 일본 측과 담판케 하였다. 드디어 일본과 청국 양국이 조선에 주둔시킨 군대를 4개월 이내로 철퇴시킬 일과 장래 조선에 변란이 있어 일본과 청국 양국이 파병하게 될 때에는 서로 통보할 일 등을 약정하였다. 이것이 텐진 조약(天津條約)이란 것이다.

대개 갑신년의 변란은 여러 해 전부터 내면에서 대립되던 일본과 청국 두 세력이 표면에서 충돌한 것이므로 이 조약의 필요가 있는 것이다. 이 조약에 의하여 양국이 군대를 철수시켰으나 청국군 장수인 원세개는 조선통상사무전권위원(朝鮮通商事務全權委員)이라는 명목으로 의연히 한성에 주재하였다. 원세개는 조선의 내치와 외교에 간섭하기를 마지아니하고, 새로 권력을 마음대로 행사하는 여러 민씨들과 더불어 한통속이 되어 제멋대로 행동함에 따라 나라의 일이 나날이 흐려져 갔다.

제41장 세계 정국의 파동

121. 러시아의 남하

구미 열국과 외교 관계를 맺어 조선이 국제 정국의 일원이 된 이래로 열국 외교의 파동이 차차 조선에 미치게 되었다. 거문도 사건을 중심으로 하는 러시아 · 영국 · 청국의 갈등과 같은 것이 그 일단이다.

철종 11년(1860)에 조선과 러시아가 국경을 접하자 러시아인이 조선과 관계 맺기를 원하였다. 그러나 러시아는 구주 방면의 외교 상태가 복잡하여 동쪽을 돌아보고 남쪽으로 내려올 겨를이 없었다. 그러다가 갑신년(1884) 전후에 사방의 형세가 완화되자 비로소 조선의 경영에 마음을 두었다. 이때 마침 조선 조정은 일본과 청국 양국에 대하여 불안을 느끼고 있었고, 더욱 민씨척족은 원세개의 까다로운 간섭을 혐오하는 마음을 품고 있었다.

러시아가 동양 사정에 정통한 베이징 공사관의 서기관인 웨베르(Carl R. Waeber)를 보내 조선 외교 고문 묄렌도르프의 알선으로 이 해 6월에 통상 조약을 성립시켰다. 이듬해에 비준을 마치고 웨베르가 공사 겸 영사로 부임하였다. 웨베르는 재주와 지혜가 많고 그 부인 또한 재주 있고 슬기로워 자주 궁중에 출입하면서 국왕 부부의 신임을 받았다. 러시아는 이를 이용하여 다시 두만강으로부터 2백 리 거리에 있는 부령을 러시아에게만 개방하는 조약을 체결하려 하였다.

122. 영국의 거문도 점령

거문도 막사
불법으로 점거한 영군군의 막사

고종 22년(1885) 초에 중앙아시아에서 대립하고 있는 영국과 러시아의 관계가 심히 험악하여 아프가니스탄에서 양국이 거의 충돌할 지경에 이르렀다. 영국 정부는 러시아의 동방 관문을 봉쇄하여 러시아가 남방 해상으로 나올 수 없게 하려 하였다. 이를 위해 3월에 동양 함대로 하여금 전라도 흥양 해상의 거문도를 점령하고, 즉시 포대를 쌓고 막사를 짓고 또 만의 안쪽에 수뢰를 부설하였다.

러시아가 이를 묵과할 수 없어 조선보다 청국을 향해 교섭함이 편리하다 하여 청국 조정에 대해 강경한 항의를 제출하였다. 그리고 만일 영국의 이런 행동을 승인하면 러시아도 조선의 일부를 점령하리라고 하였다. 옥신각신한 끝에 청국을 사이에 두고 영국과 러시아가 조선 땅을 점령하지 않겠다는 보증을 세운 뒤에, 고종 24년(1887) 2월에 영국이 거문도를 내어 놓았다.

123. 러시아와 청국

청국에서는 조선 조정에 러시아 세력이 들어가는 것을 보고 이를 억제할 양으로 대원군을 돌려보내기로 하였다. 고종 22년(1885) 9월에 원세개로 하여금 대원군을 호위하여 환국하게 하였다. 한때 톈진으로 돌아갔던 원세개가 다시 주차조선총리교섭통상사의(駐箚朝鮮總理交涉通商事宜)로 와서 조선 내정을 간섭하게 된 것은 이때의 일이다.

또 이홍장은 조선의 외교를 조종하기 위하여 파견한 묄렌도르프가 도리어 러시아의 편의를 봐주므로 이해 연말에 묄렌도르프를 톈진으로 소환하였다. 그 대신에 미국인 데니(Owen N. Denny)를 보냈는데 데니도 한성에 와서는 역시 웨베르와 친교를 통하고 원세개의 전횡에 반대하였다. 조공 27년(1890) 4월에 다시 미국인 르장드르(Charles W. LeGendre)로 하여금 데니를 대신하게 하였다.

조선이 자주국임을 인정하고도 한편으로 종주권을 놓지 않으려는 청국의 정책적 모순은 조선으로 하여금 종종 외교상 갈등을 빚게 하였다. 고종 24년(1887) 5월에 조선은 민영준을 공사로 삼아 일본에 파견하였다. 그런데 다음해 박정양(朴定陽)을 주미 공사로 파견하고, 조민희(趙民熙)를 영국 · 독일 각국 공사로 보내려 하자 청국이 원세개로 하여금 이의를 제출하여 철회케 한 일이 있었다.

이렇게 청국의 까다로운 간섭과 원세개의 오만한 태도는 더욱 조선 조정으로 하여금 러시아를 신뢰하는 경향을 강하게 만들었다. 그리하여 일본과 청국을 방비하기 위해 러시아의 세력을 빌리기로 하는 밀약이 성립할 뻔하였다.

고종 26년(1889)에는 웨베르의 교섭이 성공을 거두어 이전의 제의보다 조건이 매우 변통된 조약이 맺어졌다. 경흥을 개항장으로 하는 조러 수호 통상 조약이란 것이 성립되자, 청국과 러시아의 각축이 날로 깊어지게 되었다. 다만 이듬해 1890년 봄에 러시아의 재조선 정치 활동의 중심 인물이던 웨베르가 귀국하면서 그 세력이 잠행적으로 침투하게 되었다.

이 동안에 새 풍조는 그대로 밀려서 고종 21년(1884)에는 정오와 인정(人定)과 파루(罷漏)에 창덕궁 금천교에서 포를 쏘는 제도를 시행하며, 사복에 소매가 좁은 옷인 착수의(窄袖衣)를 입어 간편함을 쫓게 하였다.

고종 22년에는 제중원(濟衆院)을 두어 신식의 의료 제도를 행하였다. 고종 23년에는 각 도의 세금과 공물을 기선으로 운반하게 하며, 좌원(左院)과 우원(右院)으로 구성된 육영공원(育英公院)을 두어 나이가 어린 문무 관료와 선비들 중에서 총명한 준재를 선발하여 영어 중심의 양학(洋學)을 익히게 하였다.

제42장 갑오경장

124. 동학난

양요 이래로 변란이 연이어 일어나 인심이 심히 불안하였다. 조정은 여기 대하여 반성과 개선의 움직임을 보이지 않았고, 더욱 민씨의 일족이 돌려가며 권세를 차지하면서 기강의 무너짐이 전시대에 비할 바가 아니었다.

동학혁명 창의비(전북, 정읍)

가혹한 징수와 경제적 침탈을 마음대로 자행하고, 뇌물과 청탁이 공공연하게 행해졌고, 심한 경우에는 관직 중에 특히 수령 · 방백(方伯)과 같은 자리를 금전으로 매매하였다. 그 결과로 지방 관리로서 인민의 고혈을 빨아먹는 일이 흔히 있는 일이 되어 민심이 이반하고 재앙의 조짐이 날로 자라갔다.

수십 년 동안 사회의 밑바탕에 큰 세력을 쌓아 오던 동학당(東學黨) 가운데 봉화를 들려 하는 자가 나타났다. 백성의 원성이 가장 심한 전북 고부에서 고종 31년(1894) 2월 하순에 전봉준(全琫準)을 우두머리으로 하여 난을 일으켰다. 포악함을 물리치고 백성을 구원한다는 제폭구민(除暴救民)을 표방하자 사방이 메아리처럼 응하여 그 형세가 일시에 성하였다.

5월에 조정에서 전라 병사로 있던 홍계훈(洪啓薰)을 양호 초토사(兩湖招討使)로 삼아 병사 8백 명을 거느리고 가서 동학당을 평정케 하였다. 관군이 도처에서 패배하고, 그달 하순에 전주가 동학당에게 점령되었다. 조정이 이에 당황하여 원세개에게 상의하자 원세개는 이홍장에게 원조를 청하였다. 이홍장은 청국 장군 섭지초(葉志超)에게 병사 1,500여 명을 거느리고 즉시 조선으로 가도록 하였다. 섭지초는 5월 6일 아산만에 상륙하여 조선 관군과 합하여 전주를 회복하고 부근의 동학당을 평정한 후 20여 일 만에 한성으로 회군하였다. 이때 일본과 러시아의 공사는 귀국하여 한성에 있지 아니하였다.

125. 일본과 청국의 개전

일본은 임오년(1882) 이래의 추락된 지위를 회복하려 하여 항상 기회를 기다리고 있었다. 그러던 차에 1894년 2월에 일본의 보호 하에 있던 김옥균이 자객 홍종우(洪鍾宇)에게 유인되어 상하이에서 암살되었다. 청국은 홍종우를 비호하고 또 김옥균의 시신을 조선으로 보내 시신에 다시 목을 베는 형벌을 가하는 육시(戮屍)의 형벌에 처하게 하자 일본에서 여론이 비등하였다. 청국은 동학당의 난을 계기로 일본 모르게 조선에 군대를 출동시켰다.

일본은 청국을 상대로 전쟁의 실마리를 찾아내 승패를 결정지을 호기라 여겼다. 5월에 일본의 전권 공사 오토리 게이스케(大鳥圭介)가 이토 스케유키(伊東祐亨)가 거느린 군함 8척과 오시마 요시마사(大島義昌)가 거느린 보병 3천을 거느리고 한성에 당도하였다. 일본군은 청국에 대해 조선의 화근을 뽑기 위하여 양국이 힘을 합쳐 그 시정을 개선하여 놓자 하였다. 그러나 청국은 듣지 아니하고 서로 철병하기를 주장했다.

일본이 혼자 힘으로 이 일을 맡기로 하고 오토리가 고종을 만나 뵙고 인재 택용 · 재정 정리 · 재판 공정 · 군영 충실 · 학제 완비 등 5개조를 제출하여 실행을 요구하였다. 조선 조정이 이를 승인하나 원세개를 꺼려하자, 일본은 조선 조정에 청국군을 철수시키고 현행 조약을 파기하라고 권고하였다.

이에 원세개는 형세의 그릇을 보고 옷을 바꿔 입고 귀국하였고, 당시 조선 조정의 집권자이던 민영준은 정국에서 물러났다. 한참 엎드려 지내던 개화당들이 나서서 6월 21일에 일본병을 궁중으로 불러들이고, 한편 대원군을 데려다가 어전에서 개혁의 대강을 의논하여 정하였다. 그 다음날 22일에 고종이 새 정치의 교서를 발표하고, 민씨 일족의 처벌령을 내리고, 김홍집 · 정병하 등 개화당을 여러 대신 자리에 임용하였다. 또 다음날 23일에 청국과 맺은 여러 조약을 파기하고 그 후속책을 일본 공사에게 맡겼다.

청국에서는 전쟁을 피하려 하여 외국 공사를 사이에 넣고 타협을 보려 하였다. 그러나 사태가 여기에 이르자 드디어 청국은 전쟁 준비에 돌입하였다. 6월 22일 새벽녘에 아산 해상에서 일본과 청국의 해군이 충돌하여 청국이 패하고, 26일에는 성환에서 육상 전투가 벌어져 청국군이 패퇴했다. 29일에 이르러 양국이 정식으로 개전을 선포하여 드디어 일청 전쟁(日淸戰爭)이 개시되었다. 한편, 이듬해 6월에 조선과 일본 간에 공수 동맹 조약(攻守同盟條約)이 성립하였다.

126. 경장

신정부는 6월 24일 개혁 사업의 중추 기관으로서 군국기무처(軍國機務處)를 설치하였다. 영의정 김홍집이 군국기무처회의 총재가 되고 박정양(朴定陽)·민영달(閔泳達)·김윤식(金允植)·김종한(金宗漢)·조희연(趙羲淵)·이윤용(李允用)·김가진(金嘉鎭)·안경수(安駉壽)·정경원(鄭敬源)·박준양(朴準陽)·이원긍(李源兢)·김학우(金鶴羽)·권형진(權瀅鎭)·유길준(兪吉濬)·김하영(金夏英)·이응익(李應翼)·서상집(徐相集) 등을 회의원으로 하여 대소 사무를 매일 의정하였다.

관제를 개정하여 궁내부(宮內府)·의정부(議政府) 2부와 내무·외무·탁지·군무·법무·학무·공무·농상무 등 8아문(衙門)으로 하였다. 공사 문서에 개국 기년(開國紀年)을 쓰며, 문벌과 양반·상민 등급을 혁파하여 평등으로 인재를 등용하며, 남자 20세 여자 16세 이후라야 혼인을 허용하며, 부녀자의 재혼을 귀천 없이 그 자유에 맡기며, 공사 노비의 문서를 없애고, 사람의 매매를 금하며, 역인(驛人)·창우(倡優)·피공(皮工)이 천민을 벗어나 상민이 되는 것을 허락하며, 과거의 법을 폐지하고, 새로 관리 임용법을 정하며, 도량형을 개정하여 통일시키고, 총리대신 이하로부터 거주동의 이름과 가주(家主)·직업·성명을 적어서 문패를 붙이며, 국정을 어지럽힌 권세가와 요녀 등을 형벌에 처하며, 10년 이내에 토지·산림·가옥 등을 권세가에 빼앗겼다는 분명한 증빙이 있는 것을 자세히 조사하여 원주인에게 돌려주며, 각 부 아문에 각국 출신의 임시 직원을 두어 고문(顧問)에 대비케 하는 등 208건을 군국기무처가 반년간 존속하는 동안에 의논하여 결정하였다. 비록 완전한 실행을 보지 못하였으나 그 성의를 알 만하다.

군국기무처 회의 모습

갑오년의 경장(更張)은 쌓인 폐단과 복잡한 사정 아래에서 진행된 만큼 어려움이 속출하였다. 더욱이 동학당이 이 틈을 타서 다시 일어나 형세가 자못 성하였다. 대원군이 안으로 동학당과 밖으로 청군에 연락을 취하여 국면의 전환을 꾀하는 등 근심스러운 사태도 없지 아니하였다.

8월에 평양에서 청국군이 대패하고 전쟁 상황이 일본에 유리해지자 9월에 이노우에 가오루(井上馨)가 오토리 게이스케를 대신하여 공사로 부임하였다. 이노우에는 대원군과 민비로 하여금 모두 정치에 간여하지 못하게 하고, 혁신책 20개조를 제출하고, 갑신년의 개화당으로 일본에 망명하여 있던 박영효(朴泳孝)·서광범(徐光範) 등을 정부에 기용케 하였다.

일본의 권고가 비로소 원활히 진행되어지자, 12월 12일에 이르러 왕과 왕세자가 자주 독립의 기초를 굳게 할 결심을 종묘에 고하고 개혁의 요항으로서 홍범(洪範) 14개조를 발표하였다. 그러나 정부 내에 김홍집 · 어윤중과 박영효 · 서광범의 대립이 있어 가끔 의외의 차질이 생겼다.

12월 16일에는 의정부를 고쳐서 내각(內閣)이라 불렀다. 내각의 관제를 발표하여 각 아문을 부(部)로 고쳐 내부 · 외부 · 탁지부 · 군부 · 법부 · 학부 · 농공상부의 7부를 두었다. 이듬해 1895년 5월에는 지방 관청의 제도를 고쳐서 전국을 23부 331군을 만들고 부(府)에는 관찰사와 군에는 군수를 두었다. 이듬해 1896년 8월에 다시 개정하여 전국을 13도 7부(府) 1목(牧) 331군에 나누고, 도에 관찰사, 부에 부윤(府尹), 목에 목사(牧使), 군에 군수를 두었다.

제43장 러시아가 가까워짐

127. 시모노세키 조약과 일본의 랴오둥 반도 환납

일본군이 해상과 육상 양 방면에서 연전연승하여 뤼순(旅順)과 웨이하이웨이(威海衛)가 함락되었다. 청국 조정이 화의를 내어 이홍장을 흠차두등전권대신(欽差頭等全權大臣)으로 삼고 그 아들 이경방(李經芳)을 흠차전권대신(欽差全權大臣)으로 삼아 일본으로 보냈다. 일본이 내각 총리대신 이토 히로부미, 외무대신 무쓰 무네미쓰(陸奧宗光)를 전권판리대신(全權辦理大臣)으로 삼아 시모노세키(馬關)에서 회의를 하였다.

그 제1조에 조선의 독립국임을 확인하고, 또 청국은 배상금 3억 냥을 지불하고, 타이완과 랴오둥 반도를 일본에 떼어주게 되었다.

러시아 · 독일 · 프랑스 3국이 나서서 일본의 랴오둥 반도 점유는 동양 평화의 화근이라 하여 협박을 가하여 랴오둥 반도를 청국에 돌려주게 하였다.

이렇게 일본의 약함을 보고 조선 조정에 일본 배척과 신정치 침체의 경향이 나타났다. 한편 러시아 공사 웨베르는 이 틈을 타서 더욱 궁중과 친근해지기를 힘쓰고 러시아의 신뢰할 만함을 자랑하여 조정 안에서 러시아 세력이 날로 커져갔다. 이 결과로 한때 왕비와 더불어 친밀한 관계를 맺었던 박영효 일파가 도리어 반역의 누명을 쓰고 다시 일본으로 망명할 지경에 이르렀다.

이 동안에 일본 공사 이노우에 가오루가 갈리고 미우라 고로(三浦梧樓)가 대신 왔는데, 이때에는 일본의 세력이 이미 땅에 떨어졌었다.

128. 을미년 8월 변란

왕비를 중심으로 한 민씨의 일족이 러시아 공사 웨베르를 연결하여 정권을 전같이 궁중으로 거둬들이려 하였다. 친러파가 차차 요직을 차지하는 동시에 일본에 친근하던 자가 점점 세력을 잃었다. 일본 공사 미우라 고로가 이에 국면을 비상 타개할 생각을 하였다.

8월 20일 새벽에 미우라는 불평을 품고 있던 대원군을 공덕리 별장에서 끌어냈다. 그리고 일본인이 조련한 탓으로 당시 해산 당할 처지에 있던 훈련대와 일본 수비대와 낭인 등에게 대원군을 호위하여 먼저 궁중으로 난입하게 하였다. 미우라는 뒤이어 궁궐에 들어가 정국의 전환을 고종에게 청하였다.

이에 고종이 친러파인 안경수 · 이완용(李完用) · 이범진(李範晉) 등의 관직을 면관시켰다. 그리고 이재면(李載冕)을 궁내대신, 조희

경복궁 건청궁 옥호루 내부
이곳에서 민황후가 일본 낭인들에 의해 비참하게 살해되었다. 근래 복원되었다.

연을 군부대신, 유길준을 내부대신 서리, 어윤중을 탁지부대신, 장박(張博)을 법부대신 서리, 서광범을 학부대신, 정병하(鄭秉夏)를 농상공부대신, 권형진(權瀅鎭)을 경무사로 삼고, 외부대신 김윤식(金允植)을 이전과 같이 외부대신으로 삼고, 김홍집으로 하여금 이를 총리케 하였다.

한편 연내의 변란의 원인이라 하여 왕비를 살해하였다. 고종이 위협을 당하여 왕비를 폐하여 서인을 만들었다가 태자의 정리를 생각한다 하여 다시 왕비에게 빈(嬪)의 호칭을 주었다. 이것을 을미년 8월의 변란이라 한다. 변란이 나서 문제가 거북해지자 9월 2일 일본은 미우라 고로 이하 40여 인을 소환하여 히로시마(廣島)의 감옥에 가두고 고무라 주타로(小村壽太郞)를 공사로 대신 조선에 보내었다.

정변 후에 새 당로자들이 즉시 개혁에 착수하여 구식 역법을 폐지하고 태양력을 채용하여 개국 504년 11월 17일을 505년(고종 33) 1월 1일로 하였다. 어린아이에 대한 종두 규칙(種痘規則)을 발표하고, 경성 안에 소학교 4개를 설치하고, 충주 · 안동 · 대구 · 동래에 우편 사무를 개시하고, 군사 제도를 변경하여 중앙엔 친위대(親衛隊), 지방엔 진위대(鎭衛隊)를 두기로 하였다. 또 11월 15일(양력 12월 30일)에 일세일원(一世一元)의 연호를 세우되, 다음해로부터 건양(建陽)이라 할 것을 반포하고, 또 상투를 자르는 단발령을 내어서 왕이 먼저 몸소 시범을 보였다.

129. 아관파천

이보다 먼저 친일파에게 쫓겨난 이범진 · 안경수 등이 러시아 공사관으로 들어가서 친위대의 임최수(林最洙) · 이도철(李道徹) 등을 사주하였다. 10월 12일에 이들은 친위대의 오명을 씻는다고 하며 궁중에 돌입하여 김홍집 내각을 무너뜨리려 하다가 신우균(申羽均)이 거느린 친위대가 이를 방어하여 뜻을 이루지 못하였다.

국모가 시해 당한 변과 단발령이 지방의 민심을 크게 격동하여 춘천으로부터 시작하여 경기 · 강원도 · 충청도 · 경상북도 등에 의병이 봉기하였다. 건양 원년(1896) 1월에 선유사를 보냈으나 듣지 아니하여 친위대의 대부분을 이곳으로 파송하였다. 러시아 공사 웨베르가 한성이 비어 공사관을 호위할 필요가 있다 하고 2월 9일에 해군 100명을 인천으로부터 입성시켰다.

한편 친러 · 친미 인사들은 꾀를 모아 동월 2월 11일에 드디어 고종과 태자를 러시아공사관으로 파천(播遷)하게 하고, 박정양(朴定陽)을 총리로 내고 이범진 등이 정권을 잡아서 정국이 다시 바뀌었다. 이에 김홍집 · 정병하는 변란을 듣고 경복궁으로 달려들다가 순검에게 잡혀서 경무청 문앞에 이르러 난민에게 타살을 당하고, 어윤중은 고향으로 가다가 중도에 피살되고, 유길준 · 조희연 · 장박 · 권형진 등은 일본으로 망명하였다. 또 단발령과 기타의 개화

신법은 많이 철폐되었다(이 이하의 일자는 양력에 따른다).

고종은 이 뒤 1년간 러시아 공사관에 머물다가 러시아 공사관 옆의 경운궁(慶運宮; 지금의 덕수궁)을 수리하고 이듬해 건양 2년(1897) 2월 11일에 이곳으로 환어하였다. 이 동안에 여러 가지 이권이 러시아인의 수중에 떨어져 그 세력이 뿌리를 깊이 박고 일본이 권도하였던 모든 시설은 다 엎질러졌다. 또 고종이 러시아 공사관에 있는 동안에 미국 · 독일 · 프랑스 사람들도 각기 이것저것 이권들을 얻었다.

제44장 독립협회의 개혁 운동

130. 독립협회

일본과 청국의 태견이 아니면 청국과 러시아의 씨름이요, 그렇지 아니하면 일본과 러시아의 다투는 가운데 국정과 민생이 날로 그릇됨을 보고 새 정신 새 운동이 차차로 고개를 쳐들었다. 그것은 건양 원년(1897) 가을 미국에서 돌아온 서재필(徐載弼)이 독립협회를 설립함으로써 단서를 열었다.

서재필은 갑신정변 이후에 미국에 망명해 있다가 일본에서 귀국한 박영효가 사면되자 사면령을 받고 건양 원년(1897)에 돌아와 외부 고문이 되었다. 이에 서재필이 신지식으로 관리를 계발하는 동시에, 한편으로 순한글 및 영문의 『독립신문』을 발간하고, 다른 한편으로 시가에서 시사를 연설하여 민중의 사상을 고취하였다. 또한 과거 중국의 사절을 영접하는 지점에 독립문을 짓기로 하여 11월 14일에 정초식을 행하고 인하여 독립협회를 창립하였다.

독립협회는 처음에 회원의 대다수가 관료여서 일종의 진신구락

독립문(서울, 서대문)

부(搢紳俱樂部)와 같은 분위기를 풍겼다. 그러던 것을 독립협회의 소장 분자들이 차차 독립 정신을 표현하면서 실효 있는 단체로 변화시키기에 힘썼다. 건양 2년(1897) 가을 서재필이 1년 만에 외부 고문의 직책을 사임하고 다시 미국으로 건너가자, 윤치호(尹致昊) · 이상재(李商在) 등이 그것을 인계하고 활발히 적극적 행동을 취하여 드디어 정계의 하나의 세력을 이루었다.

그런데 이때의 독립협회에는 미국에 다녀온 이와 또 미국 선교사의 훈도를 받은 이들이 많았다. 또 1894년에 온 미국 공사 씰(John M.B. Sill)과 1897년에 그 뒤를 이은 알렌(Horace N. Allen)이 즐겨 적극적 원조를 주어서 독립협회에 미국인의 영향력이 저절로 커졌다.

131. 대한과 광무

고종이 러시아 공사관으로부터 경운궁으로 환어하매 1895년 독립 후에 결정하지 못했던 바를 결행하였다. 8월에 국호를 대한(大韓)이라 고치고 황제의 자리에 오르고, 연호를 광무(光武)라 고치고 조상을 추존하며 돌아간 민비에게 명성 황후(明成皇后)의 호를 올리며, 또 대한국 국제(大韓國國制) 9개조를 발포하였다.

아관파천 중에 명성 황후의 편지를 전달하던 봉서나인(封書內人) 엄씨(嚴氏)가 황후에게 쫓겨나 민간에 있다가 부름을 입어 고종을 모시어 받들었다. 이해 10월에 왕자가 탄생하니 곧 지금의 영친왕 이은(李垠)이다. 이로 인해 엄씨를 귀인(貴人)으로 봉하고 뒤에 귀비(貴妃)로 올리자 엄비의 권세가 차차 온 궁안에 미쳤다.

132. 회상(會商)의 충돌

아관파천 사건으로 인하여 발판을 잃은 일본은 이를 만회하기 위하여 두어 번 러시아와 더불어 조선의 일을 힘을 합쳐 권유하자는 협상을 맺었다. 그러나 그 협상은 표면으로 맺었을 뿐이요 실효가 없었다. 더욱이 광무 원년(1897) 9월에 러시아 공사 웨베르가 갈리고 스페에르(Alexei De Speyer)가 대신하매 러시아가 지나친 위협과 견제로써 우리 군대의 교련과 재정의 처리를 그 수중에 거두어 가며 이권의 획득에 더욱 열중하였다.

이에 독립협회가 맹렬히 일어나서 러시아 세력의 축출을 위하여 크게 인민적 활동을 일으켰다. 러시아가 해군 근거지로 마산을 조차하려 하던 비밀 계획이 이 때문에 미연에 방지되었다. 한편 러시아의 방침이 조선보다도 만주에 힘을 쓰기로 되어 있었다. 그리하여 광무 2년(1898) 4월에 일본과 러시아의 제3차 협상이 성립하여 양국이 다 조선에 대하여 직접의 간섭을 더하지 아니하기로 되었다.

독립협회의 운동은 내정의 개혁상에도 담대한 의견을 제출하여 정부를 핍박하고 또 대궐 문앞에 나아가 엎드려 대신들의 축출과 파면을 힘써 요청하였다. 그러자 반대파에서 윤치호가 대통령이 되려는 음모가 있다고 선전하여 윤치호가 독립협회 회장을 사직하였다. 그러나 독립협회 운동은 더욱 활기를 띠어 광무 2년 10월 28일에 종로 거리에서 관민공동회(官民共同會)를 열었다. 독립협회가 의정부 참정 박정양(朴定陽) 이하 각 대신을 불러다가

一. 외국인에게 의지하지 말고 관민이 마음과 힘을 합하여 전제 황권(專制皇權)을 공고하게 할 일.

一. 광산 · 철도 · 석탄 · 산림, 차관 · 차병(借兵), 정부와 외국 간의 조약 체결한 일을 각부 대신과 중추원 의장이 합동하여 직명과 성명을 적고 싸인한 것이 아니면 시행하지 못할 일.

一. 지금부터 시작하여 중대한 범죄인은 공판에 붙이되, 피고가 필경 자백한 후에 법률을 시행할 일.

一. 전국 재정을 어떠한 세납이든지 탁지부가 맡아서 다스리게 하되, 다른 부(府)와 개인 회사는 간섭하지 못하며, 예산과 결산을 인민에게 공포할 일.

一. 칙임관은 대황제 폐하께서 정부에 자문하여 과반수의 신임을 얻은 후에 임명할 일.

一. 장정(章程)을 실천할 일.

등에 대한 의견을 물어서 그 승인을 얻고 박정양으로 하여금 이것을 아뢰게 하였다. 황제가 이를 윤허하는 외에,

一. 언로를 열 일.

一. 집회와 언론의 조례를 정할 일.

一. 지방관의 불법과 뇌물 수령을 엄히 다스릴 일.

一. 어사와 시찰원 중에 폐단을 일으키는 자를 조사하여 엄히 다스릴 일.

一. 상공학교(商工學校)를 설립할 일.

등 5개조의 개혁안을 첨가하게 하였다. 그러나 이 관대한 용인은 민중의 기세를 늦추고 강압의 방책을 준비하려는 하나의 수단에 지나지 않았다.

독립협회 간부들이 11월 5일에 더 적극적 방침을 세우기로 하고 준비를 마친 4일 심야에 반역을 꾀한다는 익명서가 서울 장안에 나붙었다. 그러자 경무청에서 이상재(李商在)·방한덕(方漢德)·남궁억(南宮檍) 이하 주요 인물 17인을 체포하고 독립협회에 있는 장부를 가져가며 독립협회를 해산하라는 칙명이 내렸다.

이에 독립협회 회원들이 격앙하여 그 날로 경무청 앞에서 만민공동회(萬民共同會)를 열고, 고영근(高永根)이 회장이 되어 당국을 규탄하였다. 잡힌 사람이 재판소로 넘어가자 다시 경무청 앞으로 만민공동회장을 옮기고 비바람을 무릅쓰고 연일 밤을 새며 이를 계속하였다. 그들이 방면되는 것을 보고 다시 종로로 대회장을 옮기자 해산하라는 칙령이 연이어 내려왔다. 그러나 독립협회는 거짓된 사실로 독립협회를 무고한 조병식(趙秉式) 이하의 처리와, 헌의 6조(獻議六條)의 실시와, 독립협회의 복구를 보아야 하겠다 하고 따르지 아니하고 연이어 상소하였다.

독립협회 회원들은 15일에 다시 인화문 앞으로 일제히 나아가 연일 상소를 올렸다. 반대파는 갑신정변 이후에 보부상을 관리하기 위해 잠시 설치했던 관청인 상리국(商理局)의 복설 운동을 벌인다는 핑계를 대고 수일 전부터 보부상을 한성으로 불러들여 종로에 모이도록 하였다. 21일에 인화문 앞의 민회(民會)를 습격하여 경기 감영 앞까지 나가면서 충돌이 계속되었다. 다음날에는 남대문 밖 아현에서 다시 충돌하여 쌍방이 사상자를 다수 내었다. 이로 인해 민중은 격앙하여 보부상 운동의 장본인인 이기동(李起東)과 기타 요로의 대관들의 집을 부수고 시민은 철시(撤市)하여 한성이 암운에 쌓이게 되었다.

사태가 이러하여 그 변화를 헤아리기 어려워지자 조정에서 민회원(民會員) 2백 명을 소집하고 각국 사신을 참석시킨 후 황제가 대궐문에 친히 나아갔다. 황제는 군주와 신하는 한 몸이므로 믿음과 의리로써 유신(維新)을 꾀하겠다며 타일러 훈계하였다.

그리고 민회에서 처벌해 달라고 요구하던 8대신 중 5인을 법에 따라 처리하고, 이전 약속 11개조의 즉시 실행을 공약하고, 모인 군중들이 비로소 물러나 해산하자 독립협회를 다시 설립하고, 보부상을 소집하여 물러나 해산할 것을 명하였다. 이로써 이른바 독립협회와 보부상의 불신과 대립이 순조롭게 끝이 났다. 그러나 공약의 개혁도 실효가 있지 아니하고, 독립협회도 주도자 등이 관직에 나감으로 인하여 이럭저럭 수그러들고 말았다.

제45장 일본과 러시아의 대항

133. 러시아의 남하

러시아는 프랑스 · 독일 양국과 함께 일본을 견제하여 랴오둥 반도를 청국에 돌려주게 하였다. 그 다음해에 러시아는 시베리아 철도를 만주 내지를 통과하여 블라디보스톡까지 연결시키는 동청 철도(東淸鐵道)의 부설권과 뤼순 · 다롄의 전시 사용권을 이홍장

블라디보스톡 항구
러시아의 극동 정책 기지이다.

에게서 얻었다. 광무 원년(1897) 11월에 독일이 선교사 살해에 대한 보상으로 자오저우 만(膠州灣)을 점령하자 러시아는 뤼순 · 다롄을 따라서 점령하였고, 이듬해 다시 강압적으로 랴오둥 반도의 조차와 뤼순의 육 · 해군 설비와 만주 철도의 부설권 등 여러 권리를 얻었다.

러시아는 조선에 손을 대어 한반도의 남단에 해군 근거지를 얻어 뤼순 · 다롄과 블라디보스톡 간에 연락을 취하고 대마도 해협의 군함 왕래를 안전하게 하려 하였다. 이 목적으로 러시아는 광무 원년 10월에 이미 목포의 고하도(孤下島)를 주목하다가 외부의 공문을 얻어 토지를 매수하려 하였다. 그러나 당시 목포 감리 진상언(秦尙彦)이 불가함을 굳게 고집하여 마침내 성사되지 못하였다.

다시 3년(1899) 4월에 주한 러시아 공사 파블로프(Aleksandr I. Pavlow)가 귀국하는 도중에 마산에 들러 땅을 살펴보고 7월에 토지의 매수에 착수하려 하였다. 그러자 일본이 기선을 제압하여 먼저 그 토지를 사는 바람에 그 계획이 실패로 돌아갔다.

이러한 가운데 러시아는 만주에 관동성(關東省)을 두고 알렉세프(K. A. Aleckccev)를 총독에 임명하고 태평양 함대를 통할케 하였다. 광무 3년 3월에 마산포의 남쪽에 있는 밤구미의 조차(租借) 조약을 겨우 체결하였다. 러시아의 동방에 대한 야심이 이렇게 현저하여지매 일본은 그 위협을 느낌이 컸다.

이듬해 광무 4년(1900) 5월 청국에 의화단(義和團)이 일어나서 외국인을 배척하였다. 그런데 청나라 조정이 이를 원조하였다 하여 열강의 연합군이 8월 14일에 베이징을 함락하고, 그해 10월에 화의를 맺어 이듬해 9월에 드디어 화친 조약을 체결하였다.

난이 평정되자 각국이 베이징 · 톈진에 약간의 수비병을 두는 외에는 점차 철병을 하였다. 그러나 러시아만은 동청 철도를 보호한다는 핑계를 대고 만주에 출병하였던 군대를 얼른 철퇴하지 아니하였다. 그리하여 만주가 사실상으로 러시아에게 점령된 셈이었다.

일본은 의화단과 열강 연합군이 1900년 베이징에서 격돌한 북청 사변(北淸事變) 이후에 더욱 영국에 접근하여 러시아의 만주 점령과 남하 정책을 견제하려 하였다. 광무 6년(1902) 1월 30일에 일본은 일영 동맹(日英同盟)을 성립시켰는데, 모두 6개조였다.

먼저 대한제국 · 청국 양국의 독립과 그 영토 보전을 보장하고, 일본은 한국에서 영국은 청국에서 정치상 및 상업상으로 특수한 이익을 가졌는데, 이것이 침해되는 경우에는 그 옹호를 위하여 필요한 조치를 취할 수 있음을 승인하고, 다음 양국 중 일국이 다른 나라와 전쟁을 개시하는 경우에 일국은 엄정 중립을 지키기를 약정한 것이다.

러시아에서는 이를 대항하기 위하여 3월 20일에 러불 동맹(露佛同盟)을 선언하여 극동에 있는 특별 이익을 보장하고 또 청국의 내란으로 인해 양국의 이익이 침해를 당하는 때에는 공동으로 그것을 보호하리라 하였다.

이해 4월 11일에 러시아는 청국과 더불어 러시아 군대의 만주 철병을 내용으로 하는 만주 환부 조약(滿洲還付條約)을 맺었다. 그 철병을 3기에 나누어 조약 체결 후 6개월 이내에 요서(遼西)에서, 그 뒤 6개월 이내에 랴오둥(遼東)과 지린 성(吉林省)에서, 또 6개월 이내에 헤이룽장 성(黑龍江省)에서 완전히 철병한다 하였다. 그러나 러시아는 제1기는 실행하고, 제2기인 광무 7년(1903) 4월 8일에 일본 · 영국 양국과 만주 개방의 창언자인 미국이 여러 번 항의를 제출했으나 이를 무시하고 한 명의 군사도 움직이려 하지 아니하였다.

134. 용암포 문제

그뿐 아니라 바로 이때에 러시아는 조선에 대하여 새로 대활동을 개시하였다. 봉황성(鳳凰城) · 안동현(安東縣) 등에 있던 러시아 병사 약 60명이 마적 약 40명을 데리고 압록강 하구의 용암포로 들어와서 차차 토지를 매수하고 가옥을 건축하고 전선을 부설하는 등 영구적 설비에 착수하였다. 동시에 러시아 공사 파블로프는 그 조차권을 정식으로 우리 외부에 청구하였다.

이때 조선 조정에는 가장 황제의 신임을 받는 내장원경 이용익(李容翊)이 중심이 되어 러시아를 등에 업고 일본에 반항하려 하는 공기가 심히 농후하였다. 조선 궁정과 러시아 사이에는 종종의 묵계가 있었지마는 정식으로 교섭이 이루어지자 일본 · 영국 양국이 청국에게 교섭하여 용암포 건너편 기슭의 대동구(大東溝)와 안동현을 개방케 하였다. 인하여 일본 · 영국 · 미국 3국이 다시 용암포의 개방을 조선에 청구하매 11월에 드디어 그 개항을 결정하였다.

135. 일본과 러시아의 개전

러시아의 만주 철병이 지연되고 그 손이 조선에까지 미치자 일본은 화를 미연에 막으려 하였다. 광무 7년(1903) 6월 23일에 일본은 어전 회의를 열고 대책을 결정한 후 8월 12일에 러시아와 더불어 직접 담판을 개시하여 타협을 구하였다. 이때 일본이 만주에 있는 청국의 주권을 확보하는 것이 한국의 존립에 필요하다고 했으나 러시아는 이를 부인하였다.

그러자 일본이 한국의 독립과 영토의 보전을 확인하며 이익을 보호하는데 필요하면 출병할 수 있다고 하였다. 그러나 러시아는 한국의 독립과 영토의 보전에는 동의하되 일본의 군략적 사용에는 반대하고, 또 북한 39도 이북의 한국을 중립 지대로 삼기를 고집하였다. 이 때문에 담판이 결론을 맺지 못하였다.

한편 러시아는 8월 13일에 관동 총독인 알렉세이프(K. A. Alexeiv)를 극동 총독으로 삼아 그 권력을 크게 해주었다. 그리고 만주 철병의 제2기가 왔으나 모르는 체하고 해 · 육군의 병비를 더욱 충실하게 하여 전의를 겉으로 드러냈다. 일본 또한 여기에 응하여 이듬해 광무 8년(1904) 2월 6일에 일본과 러시아의 국교를 끊고, 8일 밤에 뤼순을 공격하였다. 이어 9일에 인천항 밖에서 일본이 러시아 군함 2척을 폭침하여 일본과 러시아의 전쟁이 시작되었다.

제46장 일본과의 관계

136. 의정서

일본과 러시아의 풍운이 급하여지자 대한제국 정부는 처지가 심히 거북하여 1월 23일에 미리 국외 중립(局外中立)을 선언하였다. 그러나 전쟁의 개시와 함께 일본 군대가 연이어 입국했으나 이를 막지 못하였다. 형세가 진전되어 감에 따라 2월 23일에 이르러 일본과 한국 간에 의정서(議定書)가 성립되니 전문이 아래와 같다.

제1조 한 · 일 양제국 간에 영구히 변치 않을 친교를 보지(保持)하고 동양의 평화를 확립하기 위해 대한제국 정부는 대일본제국 정부를 확신하여 시정의 개선에 관하여 그 충고를 허용할 것.

제2조 대일본제국 정부는 대한제국의 황실을 확실한 친의(親誼)로써 안전 · 강녕(康寧)하게 할 것.

제3조 대일본제국 정부는 대한제국의 독립과 영토 보전을 확실히 보증할 것.

제4조 제3국의 침해나 혹은 내란으로 인해 대한제국의 황실 안녕과 영토 보전에 위험이 있을 경우에 대일본제국 정부는 속히 임기응변의 필요한 조치를 행함이 가함. 그러면 대한제국 정부는 대일본제국 정부의 행동이 용이하도록 충분히 편의를 제공할 것. 대일본제국 정부는 전항(前項)의 목적을 성취하기 위해 군략상 필요한 지점을 상황에 따라 수용할 수 있을 것.

제5조 대한제국 정부와 대일본제국 정부는 상호 간의 승인을 경유하지 않고 훗날 본 협정의 취지를 위반한 협약을 제3국간에 정립(訂立)할 수 없을 것.

제6조 본 협약에 관련된 미비한 세부 조목은 대한제국 외부대신과 대일본제국 대표자 간에 상황에 따라 협정할 것.

광무 8년 2월 23일

외부대신 임시 서리 육군참장 이지용

명치 37년 2월 23일

특명 전권 공사 하야시 곤스케

의정서에 대하여 대신 가운데 반대 의견을 가진 자가 많았다. 그중 주요한 인물로 인정된 탁지부대신 겸 내장원경 이용익(李容翊)은 일본으로 데려가고, 그 나머지는 쫓겨났다. 의정서가 발포되자 세론이 시끌시끌하고, 당사자인 이지용과 그 통역 구완희(具完喜)의 집에 폭탄을 던지는 자가 있었다.

3월 17일에 일본에서 추밀원 의장 이토 히로부미가 특파 대신으로 와서 고종 황제에게 경의를 표하였다. 이에 4월에 법부대신 이지용을 보빙 대사로 보냈으며, 5월 18일에는 한국과 러시아 양국간의 모든 약정을 조칙으로 파기하였다. 이 동안에 광대한 토지가 군용으로 점거되며, 또 경의선 · 경원선의 두 철도가 군용으로서 급히 착수되었다.

또 일본은 일반 이권의 확보에도 급급하여 5월에는 전라 · 경상 · 강원 여러 도의 예에 준하여 충청 · 황해 · 평안 3도의 연안 어업권을 얻어갔다. 우리 정부의 승인은 6월 4일에 떨어졌다. 이어 연해와 내륙 하천의 행해권을 달라고 하여 가져갔으며(결정은 5월 15일에, 약정서 성립은 8월 13일), 7월에는 다시 산림 · 천택의 황무지 개간권을 나가모리 도키치로(長森藤吉郎)에게 대여해 주라 하였다.

이에 여론이 들끓어 22일에 이를 반대하는 대중들이 종로에 모여서 보안회(保安會)를 만들고 비분한 감정을 연일 밤새워 연설하다가 일본 헌병에게 쫓김을 당하였다. 이 파동으로 배일 운동이 연이어 일어나자 얼마 지나지 않아 일본이 이 안을 철회하였다.

137. 협약

시국이 더욱 진행되자 의정서가 체결된 지 반년 만에 다시 협약이란 것을 체결하였다(조선문에는 협정서라고 제목하였다. 『한국조약유찬』 9쪽).

一. 대한제국 정부는 대일본제국 정부가 추천한 일본인 1명을 재정 고문으로 대한제국 정부에 초빙하여 시무에 관한 사항은 일체 그의 의견에 따라 시행할 일.

一. 대한제국 정부는 대일본제국 정부가 추천한 외국인 1명을 외교 고문으로 외부에 초빙하여 외교에 관한 중요한 사무는 일체 그의 의견을 따라 시행할 일.

一. 대한제국 정부는 외국과 조약을 체결하며 기타 중요한 외교 안건 즉 외국인에 대한 특권 양여 혹 계약 등의 처리에 관하여는 미리 대일본제국 정부와 상의할 일.

광무 8년 8월 22일
외부대신 서리 윤치호
메이지 37년 8월 22일
특명 전권 대사 하야시 곤스케

이 결과로 9월에 노즈 시즈타케(野津鎭武)가 군부 고문, 10월에 메가다 슈타로(目賀田種太郎)가 재정 고문으로 취임하였다. 이듬해 광무 9년(1905) 2월에는 일본 외무성에 고용된 미국인 스티븐스(Durham W. Stevens)가 외교 고문, 마루야마 시게토시(丸山重俊)가 경무 고문, 시데하라 히로시(幣原坦)가 학정 참여관으로 와서 이른바 고문 정치가 시작되었다. 4월 1일에는 통신 사업이 일본으로 돌아갔다.

이 동안에 3월 10일에 일본이 봉천(奉天)에서 대승하고 5월 27일에 대마 해협에서 러시아의 해군에 치명상을 안겨 전쟁의 형세가 정해졌다. 미국 대통령 루스벨트의 주선으로 일본과 러시아 간의 강화 담판이 열려서 9월 5일에 미국 포츠머드에서 조인되었다. 그 제2조에 한국에서 일본이 정치상 · 군사상 및 경제상의 특수한 이익을 가짐을 러시아가 승인하였다. 이보다 먼저 8월 12일에 체결된 제2차 일영동맹(日英同盟)에도 일본이 한국에 대하여 우월한 이익을 가진다는 조항이 있었다.

이에 일본은 이러한 권리로써 먼저 말썽스러운 외교권을 거두기로 하였다. 11월 9일에 추밀원 의장 이토 히로부미가 와서 고종 황제를 알현하고 여기에 대한 제안을 하였다. 그러나 고종 황제가 얼른 승인하지 아니하자 이토 히로부미는 17일에 주차조선군사령관 하세가와 요시미치(長谷川好道)와 함께 고종 황제를 찾아뵙고 다시 주청하였다. 18일에 이르러 제2차의 협약이 발포되니 이것이 이른바 을사 조약(乙巳條約) 혹 보호 조약(保護條約)이란 것이다(조선문에는 한일협상조약이라고 제목하였다. 『한국조약유찬』 21쪽).

일본국 정부와 한국 정부는 두 제국을 결합하는 이해 공통의 주의를 공고케 하고자 하여 한국의 부강지실(富强之實)을 인정할 수 있을 때에 이르기까지 이 목적으로써 아래의 조관(條款)을 약정함.

제1조 일본국 정부는 도쿄에 있는 일본 외무성을 경유하여 금후 한국의 외국에 대한 관계와 사무를 감리 · 지휘하고, 일본국의 외교 대표자와 영사는 외국에 있는 한국의 신민 및 이익을 보호할 일.

제2조 일본국 정부는 한국과 타국 간에 현존하는 조약의 실행을 완전히 하는 책임을 맡고, 한국 정부는 금후에 일본국 정부의 중개를 경유하지 않고서는 국제적 성질을 가진 어떠한 조약이나 약속을 하지 않기를 서로 약속함.

제3조 일본국 정부는 그 대표자들로 하여금 한국 황제 폐하의 대궐 아래에 1명의 통감(統監)을 두되, 통감은 전적으로 외교에 관한 사항을 관리하기 위하여 경성에 주재하고 친히 한국 황제를 알현하는 권리가 있음. 일본국 정부는 또 한국의 각 개항장 및 기타 일본국 정부가 필요하다고 인정하는 지역에 이사관(理事官)을 설

치하는 권리를 가지며, 이사관은 통감의 지휘 하에 종래 재한국 일본 영사에게 속하였던 일체의 직권을 집행하고, 아울러 본 협약의 조관을 완전히 실행하기 위하여 필요로 하는 일체 사무를 관리할 일.

제4조 일본국과 한국 간에 현존하는 조약과 약속은 본 협약 조관에 저촉되지 않는 한 모두 그 효력을 계속하는 것으로 함.

제5조 일본국 정부는 한국 황실의 안녕과 존엄을 유지함을 보증함.

위의 증거로 하여 아래 인사들은 각기 본국 정부에서 상당한 위임을 받아 본 협약에 이름을 기록하고 조인함.

광무 9년 11월 17일

외부대신 박제순

메이지 38년 11월 17일

특명 전권 공사 하야시 곤스케

이 조약의 체결에 당시의 참정대신 한규설(韓圭卨)이 반대의 뜻을 굽히지 아니하다가 정신이상이라 하여 파면당했다. 곧 외부대신이던 박제순(朴齊純)이 그 뒤를 이으니 당시의 정부는 이러하였다.

참정대신	박제순	내부대신	이지용
탁지부대신	민영기	군부대신	이근택
법부대신	이하영	학부대신	이완용
농상공부대신	권중현		

이 협약이 발표되매 인심이 크게 요동하여 상소와 연설회가 끊이지 않았다. 30일 이른 아침에 시종 무관장 민영환(閔泳煥)은 국민에 대한 유서를 써놓고 자결하였고, 12월 1일에 궁내부 특진관 조

병세(趙秉世) 이하 홍만식(洪萬植) · 송병선(宋秉璿) 등 다수의 분사자(憤死者)가 나왔다.

이해 12월 20일에 일본이 통감부(統監府)와 이사청(理事廳)의 관제를 발포하였다. 광무 10년(1906) 2월 1일에 하세가와 요시미치가 임시 통감 대리로 이른바 보호 정치를 시작하고 3월 2일에 이토 히로부미가 첫 통감으로 부임하였다.

정조 · 순조 때로부터 척사(斥邪)란 말이 있다가 병인년(1866) 이후에 척양(斥洋)이란 말이 되고 임오년(1882) 이래로 척양척왜(斥洋斥倭)가 되었다. 을미년(1895)에 이르러는 국모의 원수를 갚는다 하여 특히 경기와 삼남의 유림 간에 항상 불만스런 기운이 있더니, 새 협약이 체결된 소식이 지방에 이르자 반항 운동이 곳곳에서 일어났다.

그중에 두드러진 자를 적어보면, 전 참판 민종식(閔宗植)은 광무 10년 5월에 군사를 일으켜 홍주의 읍성을 점거하고 일본의 굴레를 벗는다 하여 서한을 각국 공사관에 보내 일본은 성토하였다. 6월에 저명한 유림 최익현(崔益鉉) · 전 군수 임병찬(林秉瓚)은 순창을 중심으로 일어나고, 신돌석(申乭石)은 평해 부근에서 일어나서 서로 호응하였다. 나중에 민종식은 잡혀서 진도로 귀양하고 최익현 · 임병찬 두 사람은 잡혀서 대마도에 구금되었다가 최익현은 광무 11년(1907) 1월에 대마도에서 죽고 신돌석은 쫓겨 다른 데로 옮겼다.

138. 일진회

광무 8년(1904) 여름에 보안회(保安會)가 일어나서 항일의 기세가 성하였다. 그러자 을미년(1895) 이래 일본에 머물러 살다가 러일전쟁 후에 일본군 사령부 통역으로 와 있던 송병준(宋秉畯)과 독립협회의 여당인 윤시병(尹始炳)이 일본의 후원 하에 8월 18일에 유신회

일진회

(維新會)라는 단체를 조직하였다.

마침 동학의 수령으로 일본에 체류하던 손병희(孫秉熙)는 일찍부터 일본의 참모 본부와 묵계를 맺고 있었다. 그는 러일 전쟁을 기회로 삼아 동학 운동을 다시 일으킬 생각으로 그 무리인 이용구(李容九)를 보내 진보회(進步會)라는 단체를 만들게 하였다. 이때 송병준이 이용구를 달래어 8월 26일에 진보회를 유신회에 합병하여 일진회(一進會)라고 일컬었다.

일진회는 동학당을 근거로 세력을 크게 떨쳤다. 지방에서는 경의선 철도의 부설과 군수품의 운반에 극진히 수고를 하여 크게 일본의 호감을 샀고, 중앙에서는 독립관 옆에 국민연설대(國民演說臺)란 건물을 만들어 정부의 대신을 탄핵하고 정책을 평론하여 일세의 이목을 끌었다.

광무 9년(1905) 을사 조약이 성립되기 조금 전에 송병준 · 이용구는 한국은 모름지기 일본의 보호를 받을 것이라는 정견을 발표하였다. 이로 인해 민중의 반대가 일시에 폭발하여 회원이 거의 이산하였으며, 통감부 설치 이후에는 더욱 일본 정책의 앞잡이 노릇하기에 힘을 썼다.

광무 11년(1907) 3월에 전라도 유생 나인영(羅寅永) · 오기호(吳基鎬) 등이 이른바 을사오적(乙巳五賊) 대신의 암살을 계획하였다. 그 일환으로서 3월 25일에 군부대신 권중현(權重顯)을 노상에서 총으로 쏘았다. 그러자 일진회는 내각 개조와 정책 집행을 역설하였다. 새로 온 통감 이토 히로부미가 이 주장에 기대어 5월에 이완용과 송병준을 연결하여 신정부를 조직하니 일진회가 이로부터 정계에서 하나의 세력을 이루었다. 당시의 각료는 아래와 같다.

참정대신	이완용	내각대신	임선준
탁지부대신	고영희	군부대신	이병무
법부대신	조중응	학부대신	이재곤
농상공부대신	송병준		

이때에 중도에 폐지되었던 내각의 제도를 부활하고 참정대신을 총리대신이라고 개칭하였다.

일진회가 새로운 정견을 발표하자 광무 10년 1월 28일에 손병희가 일본에서 경성으로 돌아왔다. 그는 이용구와 손을 끊고 천도교(天道敎)란 이름을 내세우며 중앙총부를 조직하여 이전 동학의 무리를 이곳으로 규합하였다. 이용구는 김연국(金演局) 등과 함께 9월 17일에 시천교(侍天敎)란 이름을 따로 세워 일진회와 표리가 되어 천도교에 대항하였다.

第47장 민간의 신운동

139. 정사(政社)와 상회(商會)

일본과 러시아의 개전과 함께 시세가 크게 변하여 식자들이 여러 가지의 계책을 내놓았다. 일진회의 행동이 수상하자 광무 9년(1904) 5월에 윤효정(尹孝定)·이준(李儁)·양한묵(梁漢默) 등이 헌정연구회(憲政硏究會)를 조직하여 은근히 이에 대항하였다.

10월에 이르러 일진회가 여론에 반대되는 행동을 저지르면서 협약이 성립되었다. 일반이 갑자기 근심스럽게 여겨 광무 10년 4월 2일에 윤효정·장지연(張志淵) 외 3인의 명의로써 대한자강회(大韓自强會)를 설립하였다. 윤치호(尹致昊)가 그 회장이 되어 "교육의 확장과 산업의 발달을 연구 · 실시함으로써 자국의 부강을 도모하여 타일 독립의 기초를 만들 일"을 표방하였다. 대한자강회는 당시에 있어서 민중적 정사(政社)의 선구요 또 중추로서 일진회의 유일한 적이었다. 뒤에 내부대신 송병준에게 치안 방해로써 해산되고 조직을 고쳐 대한협회(大韓協會)라고 하였다.

이와는 별도로 경제 방면에는 광무 9년 7월 18일에 경성의 육의전(六矣廛)과 은행업자와 각종의 상업자들이 모여서 상업회의소(商業會議所)를 설립하고 당면한 경제적 위기에 대응할 도리를 생각하였다. 이어서 상품진열소(商品陳列所)를 설립하여 상업 지식의 계발에 힘쓰게 되었다.

140. 교화 사업

고종 22년(1995)에 선교사의 손으로 배재학당(培材學堂)이 설립되어 사립 학교의 효시가 되었다. 이후로 학교라 하면 거의 개신교회의 부설이었다. 그러던 것이 의정서 이후로 민지가 크게 격동되어 신교육의 운동이 차차 성하고, 을사 조약이 이루어지자 국권의 회복은 교육의 진흥에 있다 하여 서울과 지방 각지에 사립 학교가 무수히 일어나매 이를 지도할 여러 기관이 생겨났다(이 장은 사실의 맥락을 보이기 위하여 광무 말년의 전후를 아울러 기술하였다).

이용익이 일본에 붙들려 있으면서 깊이 시세를 깨달은 바가 있어 돌아올 때에 많은 도서와 인쇄 기기를 가지고 왔다. 광무 9년(1905) 5월부터 신해영(申海永) · 김주병(金湘炳) 등과 함께 보성관(普成館) · 보성사(普成社) · 보성학교(普成學校) 등을 설립하였다. 학교는 소학교 · 중학교 · 전문학교의 각 부를 차례로 설립하여 체계 있는 교육을 베풀었다. 민간의 교육 사업이 이 때문에 비약적인 발전을 이룩하였다.

한편 이해 1월에 윤덕영(尹德榮)은 한성법학교(漢城法學校)를 만들고 2월에 엄주익(嚴柱益)은 양정의숙(養正義塾)을 세우니 다 법률과 경제를 중심으로 하는 전문 교육의 효시였다. 광무 10년(1906)에는 엄 귀비(嚴貴妃)의 지원으로 4월에 진명여학교(進明女學校)와 5월에 숙명여학교(淑明女學校)가 설립되니 우리 힘으로 세운 여자 교육 기관의 효시였다. 같은 해 4월에 휘문의숙(徽文義塾)이 일어나고 출판사 휘문관(徽文館)이 부설되어 사학의 권위가 갈수록 커졌다.

지방에는 황해도의 안악과 평안도의 평양이 선두가 되어 황해도 · 평안도 일대에는 거의 촌마다 학교가 설립되었다. 조금 뒤 광무 11년(1907) 2월에 안창호(安昌浩)가 미국에서 돌아와 대성학교(大成學校)를 평양에 세움에 미쳐 이를 중심으로 하여 그 진전이 더욱 활발하였다. 또 이동휘(李東輝)가 지휘하던 강화의 보창학교(普昌學校)와 인천의 영화학교(永化學校)는 지방 사학 중 쟁쟁한 것이었다.

광무 10년 10월에 이갑(李甲) · 정운복(鄭雲復) 등이 서우학회(西友學會)를 발기하니 이것이 지방 교육의 진흥을 목적으로 하는 단체의 효시이다. 좀 뒤져서 한북흥학회(漢北興學會)가 생겼다가 서우학회와 합하여 서북학회(西北學會)를 이루었다. 몇 년이 지나 떨어져 기호흥학회(畿湖興學會) · 호남학회(湖南學會) · 교남교육회(嶠南教育會) · 관동학회(關東學會) 등이 설립되었다. 지방에 구름처럼 일어나는 학교에 교사를 공급하기 위하여 서북학회에 협성학교(協成學校)와 기호흥학회에 기호학교(畿湖學校) 등이 부설되었다.

광무 10년 7월에 진학신(秦學新) 외 수 명의 손에 여자교육회(女子教育會)가 발기되었다. 이어 양규의숙(養閨義塾)이 설립되니 순수한 민간적인 여자 교육의 효시이었다. 광무 9년에 원대규(元大圭) · 유성준(兪星濬) 등이 국민교육회(國民教育會)를 발기하여 오로지 학교에 교과서를 공급하기에 힘을 쓰다가 도중에 중단되었다. 광무 11년에 유길준(兪吉濬)이 일본에서 돌아와 흥사단(興士團)을 일으켜 그

뎨국신문

『제국신문』
1898년에 창간된 일간 신문이다. 원명은 '뎨국신문'이다.

규모를 넓혔다. 또 유길준은 한성부민회(漢城府民會)를 설립하고 자치제와 함께 풍속 개선에 관한 방안을 연구하였다.

갑오·을미년경에 서재필(徐載弼)의 지도 하에 이승만(李承晩)·전덕기(全德基)·주시경(周時經) 등 청년들이 배재학당 내에 협성회(協成會)란 단체를 설립하여 토론·연설과 사회적 행사를 훈련하였다. 이것이 청년 단체의 효시이다. 뒤에 엡윗청년회(懿法青年會)가 각 교회 안에 연이어 설립되어 이것을 계승하였다. 광무 8~9년경에는 경성의 정동(貞洞)과 상동(尙洞)의 두 청년회가 여러 가지로 활동을 하였다.

광무 7년(1903) 12월 28일에 황성기독교청년회(皇城基督教青年會)가 설립됨에 미쳐 기독교적 청년 운동이 고조되었다(현 중앙기독교청년회 회관의 건축은 융희 원년(1907) 11월 7일 황태자 전하가 친히 납신 자리에서 정초식을 거행한 것이다). 그러나 종교 이외의 분야에서 순수한 청년 운동은 융희 4년(1910) 3월에 윤치호를 위원장으로 하는 청년학우회(青年學友會)로써 효시를 삼는다.

광무 9년(1905) 8월에 여자의 사회적 활동을 목적으로 하여 대한부인회(大韓婦人會)가 발기되었다. 황귀비 이하로 대개 상류의 부인들이 여기에 참가하니 이것이 여자 단체의 효시이다.

건양 원년(1896) 4월 7일에 서재필이 국문과 영문 두 가지로 『독립신문』을 창간하여 격일로 발행하였다. 1년 뒤에 윤치호가 계승하여 일간을 만드니 이것이 일간 신문의 시조이다. 광무 2년(1898) 9월 5일에 남궁억(南宮檍)·나수연(羅壽淵) 등이 『황성신문(皇城新

聞)』을 창간하고, 같은 해 8월 8일에 『제국신문』이 창간되었다. 한편 일본인 아다치 겐죠(安達謙藏)가 경영하는 『한성신보(漢城新報)』가 있고, 이와 전후하여 『매일신문』·『시사총보(時事叢報)』·『상무총보(商務總報)』 등이 있었다.

그러나 광무 말년에는 『황성신문』과 『제국신문』이 남았으며 『한성신보』는 통감부에 매수되어 『경성일보(京城日報)』가 되었다. 러일전쟁 중에 일본인 아리후 주로(蟻生十郎)는 『대한일보(大韓日報)』를, 기쿠지 겐죠(菊池謙讓)는 『대동신보(大東新報)』를 개간하였다. 그러나 다 오래가지는 못하였다.

광무 9년(1905) 8월 10일에 영국인 베델(Ernest T. Bethell)과 우리 양기탁(梁起鐸)이 국한문·영문 양문의 『대한매일신보(大韓每日申報)』를 창간하였다. 광무 10년 초에 일본인 후루카와 마쓰노스케(古河松之助)가 『중앙신보(中央新報)』를 창간하여 지폭과 내용으로 한때 인기를 누렸으나 얼마 되지 않아 없어졌다. 그 뒤를 이어 같은 해 6월에 오세창(吳世昌)·이인직(李人稙)이 『만세보(萬歲報)』를 발간하여 한문에 한글을 부속시키는 효시가 되었다. 한편 일진회의 기관지로서 광무 10년 1월부터 『국민신보(國民新報)』란 것이 있었다.

융희 연간에는 대한협회의 기관지로 『대한민보(大韓民報)』가 생겨 신문 만화의 효시가 되었고, 『만세보』의 뒤를 받아서 이인직이 정부의 기관지로 『대한신문』을 발행하였다. 또 『시사신문』이란 것이 잠깐 있었다. 뒤에 병합이 되려 하매 이것이 모두 매수 혹 금지되고 『대한매일신보』 하나만 남겨서 『매일신보』라 하여 조선총독부의 기관지를 삼았다.

잡지는 『한성주보』의 이후에 광무 3년(1899)경에 『한성월보(漢城月報)』란 것이 있었다. 광무 10년경에는 심의성(沈宜性)의 『조양보(朝陽報)』와 유일선(柳一宣)의 『수리학잡지(數理學雜誌)』와 상동청년회(尙洞青年會)의 『가정잡지(家庭雜誌)』 등이 있었다. 뒤에 보성관(普城

館)이 『야뢰(夜雷)』를 발간하고, 대한자강회와 내외의 각 학회가 다 월보를 발행하였으나 대개 오래 계속하지 못하였다. 신문관(新文館)이 『소년(少年)』을 발행함에 미쳐 잡지 문화가 적이 볼 것이 있게 되었다.

유길준
유길준의 『서유견문』은 신문체 · 신서적의 효시였다.

저작상에는 유길준이 고종 22년(1885) 겨울에 구미에서 돌아와 24년(1887)에 한글과 한문으로써 『서유견문(西遊見聞)』을 저술하여 32년(1895)에 간행하였다. 이것이 신문체 · 신서적의 효시라 할 것이다.

1895년 이후에 학부에 편집국이 생기매, 현채(玄采)가 시무 신서(時務新書)의 편찬과 번역에 종사하여 오랫동안 저술계를 독차지하였다. 광무 · 융희 때에 학교 교과서의 태반은 그의 손에서 찬술된 것이었다.

광무 9년(1905)에 이인직이 『혈(血)의 누(淚)』를 출판하여 신소설의 효시를 이루었고, 『귀(鬼)의 성(聲)』 · 『치악산』 · 『은세계(銀世界)』 등 허다한 작품을 내었다. 이해조(李海朝)가 『춘향전』 · 『심청전』 등을 개술하여 또한 이름이 있었다.

서양 문학의 소개는 고종 32년(1895)에 캐나다 선교사 게일(James S. Gale)이 번역 · 간행한 『천로역정』으로써 시초를 삼는다. 융희 연간에는 『윌리엄 텔』 · 『걸리버 유람기』 · 『로빈슨 표류담』과 이솝 · 크루이로프 등의 우화와 톨스토이의 작품 등이 소개되었다.

출판업에는 1896년 이후에 양재건(梁在謇)이 광문사(廣文社)를 만들어 그 선구를 이루었고, 김상만(金相萬)의 광학서포(廣學書舖)가 그 뒤를 이었다. 광무 말년에 신교육이 흥성할 때에는 보성관(普成館)·휘문관(徽文館) 등이 교과서류의 편집·인쇄 분야에서 활약하였다. 융희 연간에는 나라의 국전(國典) 및 문예 중심의 신문관과 교과서 전문의 의진사(義進社)가 자못 청신한 공기를 불어넣었다. 이 사이에 예수교서회가 한글로 출판한 허다한 번역서가 민중 교화에 중대한 공헌을 한 것은 특필할 만한 일이다.

상하이에 있는 외국 선교사들의 저서와 역서를 수입하는 기관에 대동서시(大東書市)란 것이 있었는데, 일본 서적 보급 이전에는 신지식의 수입 창구가 오로지 여기 있었다.

종교 방면에 있어서는 수십 년래로 은근히 한 구석에서 신문화의 선구자 노릇을 하던 기독교가 차차 표면으로 나와 널리 퍼지게 되었다. 이상재(李商在)·이원긍(李源兢)·김정식(金貞植) 등 명사가 이를 배경으로 하여 여러 가지 활동을 하였다.

광무 10년(1906) 봄에 나철(羅喆; 이전의 나인영)·오혁(吳赫; 이전의 오기호) 등이 단군의 고도(古道)를 부흥하고, 김교헌(金敎獻)·유근(柳瑾) 등이 이에 참가하여 후에 대종교로 일컬어졌다. 이는 고려 이래로 희미하여지고 조선 이후에 잊어버렸던 고유 신앙을 다시 밝힌 것이다. 광무 10년(1906) 1월에 손병희가 일본에서 돌아와 동학을 고쳐 천도교로 부르고, 9월에 교도들에게 통첩을 보내어 정치와 종교의 혼동을 경계하며, 학교와 교리의 연구 등 교화의 계발에 힘을 썼다. 동학의 새 기초가 이에 섰다.

광무·융희 때에는 일대의 추향이 정치적 국사(國事)에 있었기 때문에 학술 방면에는 오히려 볼 것이 없었다. 주시경의 조선어학과 장지연·신채호(申采浩)의 사학에 다소 공적을 나타냈을 뿐이며, 뒤에 조선광문회(朝鮮光文會)가 일어남에 미쳐 국고(國故)의 학문이 크게 활기를 띠게 되었다.

국채 보상 운동의 주축이었던 김광제와 서상돈(대구, 국채보상운동 공원)

141. 국채 보상 운동

광무 말년에 민심에 가장 큰 충격을 준 것은 국채 보상 운동(國債報償運動)이었다. 일본이 통감부를 두고 그 지도하에 시정의 개선을 강제하매 필요한 비용을 일본으로부터 차관하게 하여 그 액수가 1천 3백만 원에 달하였다. 국권의 자주를 확보하려 하면 채무를 면하여야 한다 하여, 광무 11년(1907) 1월에 대구에서 담배를 끊고 국채를 갚자는 단연 보상(斷煙報償) 운동이 발기되어 부산 동래가 먼저 여기에 응하였다.

2월 22일에 경성국채보상기성회(京城國債報償期成會)가 일어남에 미쳐 사방이 한꺼번에 바람처럼 움직여 촌부(村婦)와 시동(市童)이 하찮은 푼돈이라도 다투어 기부하여 금새 거액에 달하였다. 일은 마침내 성공하지 못하였으나 온 나라 상하의 협동하는 기운이 이전에 없던 바였다.

제48장 융희 시대

142. 헤이그 밀사 사건

협약이 체결된 뒤에 일본은 궁정과 외부와의 연락을 막기에 가장 힘을 썼다. 그러나 광무 11년(1907) 1월 16일에 영국인 베델의 『대한매일신보』에 고종 황제의 친서라 하여 을사 조약이 자신이 승인한 바가 아니니 열국의 공동 보호를 청구하노라 하는 기사가 실려서 취소케 한 일이 있었다.

또한 광무 11년 6월에 네덜란드의 헤이그에서 만국 평화 회의가 열리매 이상설(李相卨) · 이준(李儁) · 이위종(李瑋鍾) 등 3인이 고종 황제의 신임장을 가지고 회의장에 나가서 을사 조약이 황제의 뜻이 아님을 역설하였다. 다년간 조선에 거주하던 미국인 헐버트도 이러한 취지를 부연 설명하였다. 그러나 일이 뜻 같지 못하자 이준이 회의장에서 권총으로 자결하여 충성의 마음을 보였다.

이에 문제가 크게 일어나서 그 책임을 물으매 7월 18일 일본에서 외무대신 하야시 다다스(林董)가 건너와서 통감 이토 히로부미 · 총리 이완용과 함께 은밀히 의논하였다. 그 결과로 19일 오전 3시에 황태자로 하여금 국가의 대사를 대리케 한다는 의미의 양위(讓位) 조서를 발표하게 되었다.

7월 18일에 경성의 인심은 극도로 흉흉하여 이 밤에 일진회의 기관 신문사가 파괴되고 비분의 회합이 사방에서 일어났다. 19일에 양위의 조서가 나오자 인심이 더욱 격앙하여 경성이 무질서 상태에 빠졌다. 전동(典洞)의 시위대가 병영에서 나와 일본인을 사격하고 저항이 차차 커지려 하자 일본 군대 달려와서 이를 진압하였다. 20일에는 총리 이완용의 집이 불에 탔다.

7월 20일에 양위의 의식이 경운궁 중화전에서 거행되었다. 23일에 전 황제께 태황제의 칭호를 바쳐서 대리의 형식을 갖추었다. 24일에 신조약이 체결되고 31일에 군대가 해산되었다. 8월 2일에 광무(光武) 연호를 융희(隆熙)로 고치고 7일 황제의 동생 영친왕 이은(李垠)을 황태자로 책봉하였다. 27일에 즉위례가 돈덕전에서 거행되고, 11월 13일에 황제의 거처를 창덕궁으로 옮기고, 경운궁은 덕수궁이라 하여 태황제의 별궁이 되었다.

10월 16일에 일본 황태자 요시히토 친왕(嘉仁親王; 후의 다이쇼 천황)이 특별히 한국을 방문하였다. 이때 융희 황제가 황태자의 보육을 일본에 위탁하시어 이토 히로부미가 태자 사부가 되어 12월 5일에 영친왕을 모시고 일본으로 향하였다. 새로운 황제가 황위에 나가시매 11월 18일에 종묘와 사직에 친히 제사를 지내셨다. 그리고 '유신(維新)' 2자로 국시를 삼는다는 조칙을 발표하였다. 그 마땅히 갖춰야 할 규칙으로는,

一. 상하가 한 마음이 되어 군신이 서로 믿음으로써 개국 진취의 대계를 정하게 함.

一. 농업과 누에치기를 장려하며 상업과 공업을 권장하여 널리 국가의 재원을 개발하여 입국하는 기초를 공고하게 함.

一. 기강을 진작하고 단속하며 쌓인 폐단을 바로잡음으로써 중흥의 위업을 창도하게 하며 개국의 큰 계획에 부응하게 함.

一. 내정을 개선함으로써 신민의 행복을 증진케 하고 사법제도를 확정함으로써 원통한 누명을 쓰는 일이 없게 함.

一. 인재를 널리 구함으로써 적당한 자리에 등용하게 함.

一. 교육은 화려함을 버리고 실효를 취하기를 힘씀으로써 국가의 긴요한 수용에 부응할 길을 열게 함.

등 6개조를 선포하였다.

143. 군대 해산

양위가 실현된 지 2일이 지난 7월 24일에 종래의 관계에서 몇 걸음 나간 제3협약이 아래와 같이 발표되었다.

일본국 정부와 한국 정부는 속히 한국의 부강을 도모하고 한국민의 행복을 증진하고자 하는 목적으로 아래와 같은 사항을 약정함.

제1조 한국 정부는 시정 개선에 관하여 통감의 지도를 받을 일.
제2조 한국 정부의 법령의 제정 및 중요한 행정상의 처분은 미리 통감의 승인을 요청할 일.
제3조 한국의 사법 사무는 보통 행정 사무와 이를 구별할 일.
제4조 한국 고등 관리의 임면은 통감의 동의를 받아 이를 행할 일.
제5조 한국 정부는 통감이 추천한 일본인을 한국 관리에 임명할 일.
제6조 한국 정부는 통감의 동의 없이 외국인을 용빙하지 아니할 일.
제7조 메이지 37년 8월 22일에 조인한 일한 협약 제1항을 폐지할 일.

위의 내용을 증거로 하여 아래 인사들은 각기 본국 정부에서 상당한 위임을 받아 본 협약에 이름을 적고 조인한다.

광무 11년 7월 24일
내각 총리대신 훈2등 이완용
메이지 40년 7월 24일
통감 후작 이토 히로부미

이 결과로 우선 31일에 군대의 해산을 단행하였다. 당시의 군사력은 경성에 있는 시위보병 2연대(약 3600명) 및 기병 · 포병 · 공병 · 수송병을 합하여 약 4백 명과 지방(수원 · 청주 · 대구 · 광주 · 원주 ·

평양 · 북청)에 있는 진위대 8개 대대를 합하여 약 4,800명(총 9천 명)이었다.

8월 1일에 군대의 해산식을 훈련원에서 거행하였다. 이때 서소문 안의 병영에 있던 시위보병 제1연대 제1대대는 그날 아침에 대대장 박성환(朴星煥)이 분에 못 이겨 세상을 떠났다. 그러자 제1대대가 곧 저항을 하여 인접한 제2연대 제1대대가 이에 응하여 하루 종일 일본군과 교전하다가 저녁에야 진정되었다. 지방에서는 강화의 분견대(分遣隊)가 한동안 항거를 하였고, 원주의 진위대는 그대로 흩어져 오래도록 저항을 하였다.

이로부터 전일의 의병과 해산된 군사가 합하여 지방의 소요가 5년이나 계속되었다. 강원도의 민긍호(閔肯鎬) · 이인영(李麟榮), 경상북도의 이강년(李康秊) · 변학기(卞鶴基)와 전일의 신돌석(申乭石), 경기도의 조인환(趙仁煥) · 허위(許蔿) · 이은찬(李殷瓚), 전라도의 김동식(金東植) · 이학사(李學士) · 전해산(全海山), 함경남도의 차도선(車道善) · 홍범도(洪範道), 황해도의 민효식(閔孝植) · 이진룡(李鎭龍), 경상남도의 유명국(柳明國), 평안도의 양역진(梁嚇鎭), 함경북도의 이범윤(李範允) 등은 그 두드러진 자였다. 많으면 수천 명과 적어도 수백 명이 동에서 번쩍 서에서 번쩍하여 얼른 끝이 나지 아니하였다.

또 조약에 의거하여 종래의 고문 · 참여관 등은 해고되었다. 8월 초부터 궁내부와 내부 이하 각 부에 일본인의 차관이 임명되어 이른바 차관 정치가 실시되었다.

144. 병합

이후부터 국가의 형세는 일본의 억압과 강요에 의해 나날이 갑자기 바뀌었으며, 연이어 일어난 암살이 이를 촉진하여 마침내 병합이라는 옛 조선 역사의 일대 종말을 보게 되었다. 일진회는 항상 사건이 벌어지기 전에 미리 앞장서서 행동을 하였다. 연월 순으로 대사를 차례로 열거하면 아래와 같다.

융희 2년(1908) 3월 23일 대한제국 외교 고문 스티븐스가 휴가를 얻어 미국으로 돌아갔는데, 도중에 샌프란시스코에서 일본 보호 정치를 찬양하는 글을 신문에 게재하였다가 전명운(田明雲) · 장인환(張仁煥)에게 총에 맞아 죽었다.

융희 2년(1908) 8월 27일에 동양척식회사법이 반포되어 일본은 금전으로 우리는 역둔토(驛屯土)로 자본을 내어 도합 1천만 원으로 이민과 자금 대여에 관한 사업을 경영하기로 하여 다음해 1월부터 사업을 개시하였다.

융희 3년(1909) 1월 7일부터 13일까지, 융희 황제가 남방을 순행하시고 1월 29일부터 2월 8일까지 서북을 순행하셨다. 6월 15일에 이토 히로부미가 통감을 사퇴하고 부통감으로 와 있던 소네 아라스케(曾禰荒助)가 그 후임자가 되어 임무를 수행하였다.

융희 3년(1909) 7월 24일에 사법권과 감옥 사무가 일본에게 돌아가고 10월에 법부가 폐지되었다. 같은 해 7월 30일에 군대 해산 후 그냥 두었던 군부와 무관학교가 폐지되고 황궁의 호위를 위하여 궁중에 친위부(親衛府)를 두어 보병 1개 대대와 기병 1개 중대를 두었다. 같은 해 9월 4일에 간도(間島)에 관한 협약이 조인되었다(다음 장 참조).

융희 3년(1909) 10월 1일에 한국은행법이 반포되니 자본금 1천만 원을 10만 주로 나누어서 3만 주는 한국 정부가 맡고 그 나머지는 한국인과 일본인에 한하여 소유케 하였는데 11월 24일에 개업하여 금융 기관의 중추가 되었다. 뒤에 조선은행이라고 개칭하였다.

융희 3년(1909) 10월 26일에 전 통감 이토 히로부미가 러시아 정부의 유력자인 탁지부대신 코코프체프를 만나서 동방 정책을 상의할 목적으로 동청 철도 하얼빈 정거장에 내려서는 것을 황해도 신천 사람 안중근(安重根)이 권총으로 쏘아 죽였다. 안중근은 다음 해 2월 14일에 중국 다롄(大連)의 일본 감옥에서 사형을 받았다.

융희 3년(1909) 12월 4일에 일진회 회장 이용구가 일본과 합방하는 것이 좋겠다는 의견서를 발표하였다. 한편으로 이 뜻을 정부에 건의하고 또 융희 황제의 앞에서 상주하였다. 지난 2월에 내부대신으로 있던 송병준이 이토 히로부미 사살 사건이 일어나 일본의 여론이 비등하던 기회를 틈타서 이용구로 하여금 이 의견을 창도케 하였다. 이에 대하여 대한협회 · 한성부민회 · 흥사단 등 우리의 일반 여론이 격앙하여 형세가 위태롭게 되었다. 그러자 통감부가 두 파를 불러서 일체의 의견을 발표하지 못하게 했다.

융희 3년(1909) 12월 22일에 내각 총리대신 이완용이 프랑스 천주교당의 벨기에 황제 레오폴드 2세 추도회에 참여하고 나오는 것을 평양사람 이재명(李在明)이 문 앞에서 기다렸다가 비수로 찔렀다.

융희 4년(1910) 5월 30일에 소네 아라스케(曾禰荒助)가 통감을 사퇴하고 일본 육군대신 데라우치 마사타케(寺內正毅)가 후임자가 되어 7월 23일에 부임하였다. 같은 해 6월 24일에 소네 아라스케가 신임 통감이 부임하기 전에 우리 정부에 교섭하여 경찰 사무의 위임을 받고 경무총장 이하 각 도 경찰부장을 모두 헌병 장관으로 임용하여 헌병 주체의 경찰 제도를 세웠다.

융희 4년(1910) 8월 21일에 데라우치 마사다케와 이완용 사이에 비밀히 진행하던 한국을 일본에 병합하는 안이 성립되었다. 22일에 대신과 원로들의 어전 회의를 열고 같은 날 오후 3시 30분에 이를 결정하여 오후 5시에 통감부의 한 사무실에서 그 조인을 마쳤다. 같은 해 8월 29일에 병합 조약이 발표되는 동시에 융희 황제가 나라를 일본에 넘기는 최종의 조서와 칙유를 발표하였다.

병합 조약

일본국 황제 폐하와 한국 황제 폐하는 양국 간의 특수하고 친밀한 관계를 원하여 상호의 행복을 증진하고 동양의 평화를 영구히 확보케 하고자 한다. 이 목적을 달성하기 위해서는 한국을 일본제국에 병합하는 것이 가장 좋다고 확신하고 이에 양국 간에 병합 조약을 체결하기로 결정하였다. 이를 위하여 일본국 황제 폐하는 통감 자작 데라우치 마사다케를 한국 황제 폐하는 내각 총리대신 이완용을 각기 전권위원으로 임명한다. 인하여 위 전권위원은 회동하여 협의한 후에 아래의 여러 조항을 협정한다.

제1조 한국 황제 폐하는 한국 전부에 관한 일절의 통치권을 완전하고도 영구히 일본국 황제 폐하에게 양여함.

제2조 일본국 황제 폐하는 제1조에서 말한 양여를 수락하고 또 전연히 한국을 일본제국에 병합할 일을 승락함.

제3조 일본국 황제 폐하는 한국 황제 폐하, 태황제 폐하, 황태자 전하와 그 후비와 후예들로 하여금 각기 지위에 따라 상당한 존칭 · 위엄 및 명예를 향유케 하며 또 이를 보유하기에 충분한 세비를 공급하겠음을 약속함.

제4조 일본국 황제 폐하는 제3조 이외의 한국 황족과 후예에 대하여 각 상당한 명예와 대우를 향유케 하고 또 이를 유지하기에 필요한 자금을 제공하겠음을 약속함.

제5조 일본국 황제 폐하는 공훈이 있는 한국인 가운데 특히 표창을 함을 적당하다고 인정되는 자에 대하여 영예로운 작위를 수여하고 또 은사금을 지급할 일.

제6조 일본국 정부는 앞에서 기술한 병합의 결과로 전연히 한국의 시정을 담담하고, 한국에 시행하는 법규를 준수하는 한국인의 신체와 재산에 대하여 충분한 보호를 제공하고 또 그 복리의 증진

을 도모할 일.

제7조 일본국 정부는 성의 있고 충실하게 신제도를 존중하는 한국인 가운데 상당한 자격 있는 자를 사정이 허락하는 데까지 한국에 있는 일본제국 관리에 등용할 일.

제8조 본 조약은 일본국 황제 폐하와 한국 황제 폐하의 재가를 거친 것이니 공포한 날로부터 이를 시행함.

메이지 43년 8월 22일

통감 자작 데라우치 마사다케

융희 4년 8월 22일

내각 총리대신 이완용

태조 건국으로부터 융희 4년(1910)까지 27대에 누린 햇수가 519년이요 단군 기원 후 4243년 만이다. 병합 당시의 내각원은 아래와 같다.

내각총리대신	이완용
내부대신	박제순
탁지부대신	고영희
농상공부대신	조중응
학부대신	이용직

제49장 간도 문제

145. 정계비

간도(間島)라 하면 보통 두만강 건너 노야령 산맥 및 그 지맥과

흑산령 산맥 안에 둘러싸여 있는 파이포통하(巴爾布通河)·해란하(海蘭河)·사아하(嗄呀河) 유역 일대의 분지를 말한다. 좀 더 넓게는 그 서쪽으로 쑹화 강(松花江)의 동쪽 지류인 혼동강(混同江)과 목단령 산맥 사이의 지역을 합하여 전자를 북간도 동부라 하고, 후자를 북간도 서부라 이른다. 압록강 상·중류 건너의 땅을 서간도라 부르는데 대해 뒤에 동간도라고도 부르게 된 곳이다.

백두산 정계비

간도는 본디 읍루와 옥저가 다투던 땅으로서 고구려에 병합되었다가 발해의 판도에 들었다. 고려 시대에는 혹 고려에 붙고 혹 떨어지면서 여진인의 거주지가 되었다. 조선 왕조의 선조가 이 근방에서 일어났는데 태조 이성계가 그 지역을 경략하여 그 주민이 국경 오랑캐[藩胡]란 이름으로 대대로 조정에 공물을 바쳤다. 선조조에 만주족이 흥기하여 동족을 통합할 때에 사람들은 대등한 관계를 유지했으나 토지는 소속이 분명치 못한 채로 남아 있었다. 회령을 개시장(開市場)으로 하여 봄과 가을 2차례 교역을 행하였다.

그 뒤에 변경의 분쟁을 피하기 위하여 양국 사이에 사람이 살지 않는 미개간지인 한광 지대(閑曠地帶)를 정해 두었다. 간도가 여기에 해당하였다. 유민들이 금지 법령을 무릅쓰고 들어와 사는 자가 많아 거북한 사태가 생겨났다. 숙종 38년(1712)에 오라(烏喇; 지금의 지린) 총관 목극등(穆克登)과 조선 통역관 김경문(金慶門)이 변경을 조사하여 백두산 아래 10리 경의 압록강·토문강(土門江)이 갈라지는 산마루에 정계비(定界碑)를 세웠다. 그 글에 "교지를 받들어 변경을 조사하여 여기에 이르러 살펴보니, 서쪽으로는 압록강이요

동쪽으로는 토문강이네. 그러므로 물이 갈라지는 산마루 위에 돌을 새겨 표기를 삼는다."라 하였다.

이때 조선의 접반관은 참판 박관(朴權)과 함경도 관찰사 이선부(李善溥)였으나 이들은 중도에 주저앉고 실제로 정계비 건립 담판은 통역관 김경문이 담당하였다.

146. 감계 문제

청국에서는 만주를 모두 봉금지(禁封地)로 삼아 만주인 이외의 거주를 금지하였다. 더욱이 백두산을 중심으로 한 압록강 · 두만강 두 강의 유역을 비워 두고 아무도 들어와 살지 못하게 하였다. 그러나 어느 틈인지 산동 방면의 유민이 차차 몰래 들어와 촌락이 곳곳에 생기고 비적이 이를 근거로 삼게 되었다.

약 50년 전(고종 12년 이후)에 토문강 동북쪽 기슭의 황무지를 정식으로 개방하기로 하고 고종 18년(1881)에 당시의 길림장군(吉林將軍) 명안(銘安) · 흠차대신(欽差大臣) 오대징(吳大澂)이 개간에 착수하려 하였다. 그러나 그 땅에 많은 조선인들이 변경을 넘어와 개간하여 거주함을 발견하고 청국에서는 자기 나라 인민들과 동일하게 대우하겠다고 했으나, 조선 조정에서는 차라리 데리고 오겠다고 주장하여 일이 거북해졌다. 모처럼 안착하여 지내던 거주민들은 크게 놀라 비로소 경계에 대한 관념이 환기되어 사람을 보내 정계비를 조사하고 그 실정을 조선 관부에 보고하였다.

이때 조정에서는 북방 변경 문제를 조사하기 위해 고종 20년(1883)에 어윤중(魚允中)을 서북 경로사(西北經路使)로 삼아 함경북도 경원에 보냈다. 그는 거주민들의 호소를 듣고 종성 사람 김우식(金禹軾)으로 하여금 5~6월 두 달에 걸쳐 백두산을 두 번 탐사하여 정계비문(定界碑文)의 실지상 근거를 밝히고 간도가 당연히 조선의 영토라는 것을 청국에 대해 대변하기 시작하였다. 간도 문제는 여기에서 비롯하였다.

대개 청국에서는 두만(豆滿)과 토문(土門)은 같은 말의 다른 글자이므로 두만강이 국경이라고 주장하였다. 이에 반해 조선에서는 두만강 외에 따로 토문강이 있는데 두만강은 정계비에서 수십 리 밖에서 발원하니 정계비에 적히기에는 너무 멀고, 정계비 근처에서 발원하는 물이 동북으로 흘러서 토문의 사이로 흘러나가니, 이 때문에 토문이란 칭호가 생겼을 것이요, 이 강이 바로 정계비에 표시한 국경일 것이라고 주장하였다. 이로써 정계비에 있는 '토문'이 두만이냐 아니냐 하는 문제를 둘러싸고 논쟁이 벌어졌다.

고종 22년(1885)에 양국이 감계사(勘界使)를 파견하기로 하였다. 9월에 안변 부사 이중하(李重夏) · 종사관 조창식(趙昌植)이 청국 파원(派員) 덕옥(德玉) · 가원계(賈元桂) 등과 함께 회령부에 모여 담판을 개시하였다. 청인은 중국 측의 문서로써 확실히 증명된다고 하였고, 조선은 실제로 조사하는 것이 제일이라고 주장했다. 마침내 쌓인 눈을 밟고 함께 수원(水源)을 탐색하기로 하여 실제로 조사하였다. 이때 청인이 또한 의외의 느낌을 가져 말이 막혀 금번에는 실제로 조사한 것일 뿐이라 하고 돌아갔다.

국경을 확정하려는 감계(勘界) 담판은 고종 24년(1887)과 25년(1888)에도 있었다. 이때도 이중하가 이를 담당했으나 다 성과를 얻지는 못하였고, 이후 한참 동안은 이 문제가 그만저만하였다. 1895년 이후에 조선의 독립이 확고해지자 거류민들이 국경 문제의 재고를 요청하여 마지아니하였다. 광무 4년(1900) 배외적 농민 단체인 의화단(義和團)이 중국 북방에서 난을 일으킨 북청 변란(北淸變亂)을 틈타 러시아가 간도를 점령하자 거류민들이 국경 문제가 잘 처리되기를 생각하는 마음이 더욱 간절하였다.

광무 6년(1902)에 대한제국 정부에서 이범윤(李範允)을 시찰원으로 파견하여 인민을 안무하게 하였다. 그 다음해에 이범윤을 북변간도관리(北邊間島管理)에 임명하고 이 사실을 경성 주재의 청국 공사에게 통고하였다. 이에 이범윤이 사포병을 양성하고 조세를 징수하자 청국 관헌들과 충돌이 끊이지 않아 경성과 베이징에서 외교상 문제가 되었다.

러일 전쟁이 일어나자 일본 공사의 권고로 전쟁 중에는 국경 확정 논의를 중지하게 되었다. 전쟁 중에 이범윤은 러시아를 이용하다가 러시아가 패퇴하자 러시아 땅으로 들어가 살았다. 대한제국 정부가 외교를 일본에 위임하자 간도가 드디어 일 · 청 간에 외교 문제가 되었다.

147. 간도에 관한 일청 협약

융희 원년(1907) 8월 23일에 통감부의 파출소를 간도의 용정촌에 설치하였다. 대한제국 내부에서 파견한 관리와 일본인들이 협력하여 새 행정을 시작하였다. 한편 국경 확정에 필요한 조사와 연구를 힘써서 한국의 영토란 전제 하에 모든 시설을 설치하였다. 청국에서도 여기에 격동하여 새로 길림변공서(吉林邊公署)를 설치하고 다수의 관리와 군대를 파견하여 서로 대항하게 하였다. 이로 인해 간도 문제는 더욱 분규를 더하게 되었다.

그리하여 베이징에서는 이론상으로, 간도에서는 실제상으로 수년 동안 갈등을 거듭하였다. 융희 3년(1909)에 남만주 철도의 안봉선(安奉線)을 고쳐 부설할 때에 일 · 청 간에 분쟁이 일어났다. 그러자 일본이 간도 문제를 희생물로 삼아 그 분쟁을 해결하기로 하여 9월 8일에 아래와 같은 협약이 일청 간에 체결되었다.

대일본국 정부와 대청국 정부는 선린의 우의에 비추어 도문강(圖們江)이 청 · 한 양국의 국경임을 서로 확인하고 아울러 타협의 정신으로써 일체의 법률을 상정하여 청 · 한 양국의 변방 거주민으로 하여금 영원히 치안의 복락을 향유케 하고자 하여 이에 아래와 같은 조관을 정립하였다.

제1조 일 · 청 양국 정부는 도문강(곧 두만강)을 청 · 한 양국의 국경으로 하고 강원 지방에 있어서는 정계비를 기점으로 하여 석을수(石乙水)로써 양국의 경계를 삼는 것을 성명함.

제2조 청국 정부는 본 조약 조인 후 아무쪼록 속히 아래에 기술한 각지를 외국인의 거주와 무역을 위하여 개방할 것이며 일본국 정부는 이러한 지역에 영사관이나 영사관 분관을 참작하여 설치할 일. 개방의 기일은 별도로 이를 정함. 용정촌(龍井村) · 국자가(局子街) · 두도구(頭道溝) · 백초구(百草溝).

제3조 청국 정부는 종래와 같이 도문강 북방의 개간지에서 한국민의 거주를 승인함. 그 지역의 경계는 별도의 지도로써 표시함.

제4조 도문강 북방 지역의 잡거(雜居) 구역내 개간지에 거주하는 한국민은 청국의 법률에 복종하고 청국 지방관의 관할 재판에 귀속함. 청국 관헌은 위 한국민을 청국민과 동일하게 특별 대우할 것이며, 납세 기타 일체 행정상의 처분도 청국민과 같게 할 일.

위 한국민에 관계된 민사 · 형사 일체의 소송 사건은 청국 관헌이 청국의 법률을 살펴서 공평히 재판할 것이며, 일본국 영사관 또는 그 위임을 받은 관리가 자유롭게 법정에 입회할 수 있음. 단 인명에 관한 중대한 사안에 대하여는 마땅히 먼저 일본 영사관에 알려 조회할 일로 함. 일본국 영사관에서 만일 청국 관헌이 법률을 살피지 아니하고 판단한 혐의가 있음을 인정할 시에는 공정한 재판을 기하기 위하여 별도로 관리를 파견하여 다시 조사할 일을 청국에 청구할 수 있음.

제5조 도문강 북방 잡거 구역 안에 있는 한국민 소유의 토지와 가옥은 청국 정부가 청국 인민의 재산과 마찬가지로 완전히 보호할 일. 또 이 강 연안에 장소를 택하여 나룻배를 설치하고 쌍방 인민이 자유롭게 왕래할 일. 단 병기를 휴대한 자는 공문이나 여권[護照]이 없이는 국경을 넘을 수 없음. 잡거 구역 안에서 생산된 미곡은 한국민이 반출함을 허락함. 그래도 흉년을 당하는 경우에는 미곡의 반출을 금지할 수 있으며, 땔감은 예전처럼 알아서 구비할 일.

제6조 청국 정부는 장래 길장 철도(吉長鐵道)를 연길(延吉) 남쪽 경계까지 연장하여 한국 회령에서 한국 철도와 연결할 것이며, 그 일체의 관련 법규는 길장 철도와 동일하게 할 일. 철도 연장의 시기는 청국 정부에서 상형을 참작하여 일본국 정부와 상의한 뒤에 이를 정함.

제7조 본 협약은 조인 후에 바로 효력을 발생할 것이며, 통감부 파출소와 아울러 문무의 각 관원은 아무쪼록 속히 철퇴를 개시하여 2개월 이내에 완료할 일.

일본국 정부는 2개월 이내에 제2조에서 말한 통상지에 영사관을 개설할 일.

메이지 42년 9월 4일

양국 전권 서명

정계비의 동쪽에서 두만강으로 흘러드는 물줄기가 여러 개인 가운데 가장 북쪽에 있는 것이 홍토수(紅土水)요, 그 다음이 석을수(石乙水)요, 또 그 다음이 홍단수(洪丹水)이다. 두만강으로 국경을 나눈다고 하더라도 어느 물줄기를 취하느냐 하는 것이 이중하 이래의 현안이었는데, 이제 그 중간을 취하여 석을수를 지정한 것이다. 이렇게 간도 문제는 형식적으로 심히 불리하게 해결되었고, 겨우 거주와 생업하는 권리를 보유하게 되었다.

제50장 이씨 조선의 학예

148. 시문

진인(震人)은 예로부터 가요를 좋아하고 더욱 종교적으로 가요를 신성하게 알아서 그 발달이 자못 볼만하였다. 신라에서는 이것을 한시에 대하여 향가(鄕歌)라고 부르며 지극히 존숭하였다. 고려에서는 궁중 음악인 아악(雅樂)에 대하여 민간 음악인 속악(俗樂)이라는 이름이 있었다.

속악의 형식과 내용이 더욱 발달하여 고려 중엽 이후로 그 가장 정제해진 시형(詩形)에 시조(詩調)라는 명칭이 생겨났다. 조선에 들어와서도 시조가 더욱 빠르게 진보하여 허다한 작가와 작품을 배출하였다. 명종조에 퇴계(退溪) 이황(李滉)의 『도산십이곡(陶山十二曲)』, 선조조에 율곡(栗谷) 이이(李珥)의 『석담구곡가(石潭九曲歌)』와 송강(松江) 정철(鄭澈)의 『송강사(松江詞)』, 인조조에 고산(孤山) 윤선도(尹善道)의 『산중신곡(山中新曲)』 등은 그중에 드러난 것이다.

시조(詩調)는 후에 시조(時調)로 씀이 통례가 되었다. 짧은 시인 시조에 대하여 장편 시를 가사(歌詞)라고 하고, 또 민간의 곡조에는 잡가(雜歌)와 타령(打令) 등의 노래가 있었다. 중종조에 농암(聾巖) 이현보(李賢輔)의 『어부사(漁父詞)』, 명종조에 송강(松江) 정철(鄭澈)의 『관동별곡(關東別曲)』·『사미인곡(思美人曲)』, 서산대사(西山大師)의 『동심곡(同心曲)』 등은 가사 가운데 드러난 것이다.

농암 이현보
이현보의 『어부사』는 벼슬을 버리고 강호에 묻혀사는 선비의 모습을 어부에 빗대어 노래한 장편 가사이다.

하대에 이르러 더욱 장편 작품이 성황을 이루어 서사 가사에 『한양가(漢陽歌)』·『금강별곡(金剛別曲)』·『연행가(燕行歌)』·『권선징악가(勸善懲惡歌)』 등 수백 구로 이루어진 것들과 서정 가사에 『추풍감별곡(秋風感別曲)』·『노처녀가(老處女歌)』와 같은 것을 보게 되었다.

별도로 아가(雅歌)라고 일컫는 것들로서 세종조에 이태조가 집안을 변화시켜 나라를 세운 화가위국(化家爲國)의 사실을 노래로 칭송한 『용비어천가(龍飛御天歌)』, 세조조에 석가모니가 중생을 구제한 공덕을 노래로 칭송한 『월인천강지곡(月印千江之曲)』이란 것이 있었는데, 전자는 10권, 후자는 20여 권의 장편이었다. 또 춤곡과 종묘 음악이 성종조에 임금의 명으로 편찬한 『악학궤범(樂學軌範)』과 영조조에 임금의 명으로 편찬한 『국조악장(國朝樂章)』에 실려 있다.

국어의 산문은 큰 발달을 보지 못하고 겨우 『제침문(祭針文)』·『규중칠우쟁공론(閨中七友爭功論)』 등이 부녀자들로부터 애송을 받았다. 소설도 번역 소설 외에는 대개 민담이라고 할 것에 그쳤다. 『구운몽(九雲夢)』·『사씨남정기(謝氏南征記)』 등 대표적 작품이 또한 한문으로 되어 있으며, 하대에 『옥루몽(玉樓夢)』·『옥련몽(玉蓮夢)』 등이 나온 다음에야 나서 비로소 일대 기염을 토하였다.

한시문은 성종 때로부터 명가가 나왔다. 사가(四佳) 서거정(徐居

正)의 한시와 점필재(佔畢齋) 김종직(金宗直)의 문장은 다 당대의 최고봉이었다. 서거정 조금 이후에 읍취헌(挹翠軒) 박은(朴誾)이 27세에 요사했으나 시인으로서의 명성이 온 나라에 드날려 조선의 제일이라고 지목하기에 이르렀다. 명종조의 고죽(孤竹) 최경창(崔慶昌) · 옥봉(玉峰) 백광훈(白光勳) · 손곡(蓀谷) 이달(李達) · 동악(東岳) 이안눌(李安訥), 광해조의 석주(石洲) 권필(權韠)이 다 시인으로서 쟁쟁한 이들이었다.

선조조에 간이(簡易) 최립(崔岦)과 오산(五山) 차천로(車天輅)가 문장으로써 국난에 충성을 바쳤다. 그리고 상촌(象村) 신흠(申欽) · 월사(月沙) 이정구(李廷龜) · 계곡(谿谷) 장유(張維) · 택당(澤堂) 이식(李植)이 일시에 고문 작가로써 명성을 날렸다. 이로 인해 조선의 고문이 이 선조 · 인조 때에 비롯하였다고 말한다. 숙종조에 농암(農巖) 김창협(金昌協) · 삼연(三淵) 김창흡(金昌翕) 형제가 나서 농암은 문장으로 삼연은 한시로써 일세를 울렸으며, 농암은 고문을 지어 비로소 하자가 없다고 일컬었다.

영조조의 창기(滄起) 이언진(李彦瑱)은 또한 27세에 요사한 시인이었는데 독특한 표현으로 명성이 내외에 떨쳤다. 정조조는 문학의 성함이 이전보다 탁월하였다. 연암(燕巖) 박지원(朴趾源)의 문장은 기이한 상상력과 정묘한 솜씨가 다만 동방에 처음 보는 바가 아니라 족히 천하에 큰소리칠 만하였다.

아정(雅亭) 이덕무(李德懋) · 초정(楚亭) 박제가(朴齊家) · 혜풍(惠風) 유득공(柳得恭) · 강산(薑山) 이서구(李書九)는 청신한 시풍을 발휘하여 사가(四家)의 명성을 얻었고 그들의 시를 모은 시문집은 진작에 중국에 정해져 출판되었다. 월암(月巖) 이광려(李匡呂)의 웅장하고 아름다움, 추재(秋齋) 조수삼(趙秀三)의 넓고도 넓음, 임연(臨淵) 이양연(李亮淵)의 뛰어나고 재치 있음은 다 시단의 거장이었다.

순조조에는 연천(淵泉) 홍석주(洪奭周) · 대산(臺山) 김매순(金邁淳)

이 다 문장으로 대가의 명성을 얻었다. 자하(紫霞) 신위(申緯)는 시로써 홀로 이름을 날려 지은 시고(詩稿)가 많기로 조선에서 제일이었다. 백년 이후의 시인들이 다 이를 배워서 그 영향에 젖지 아니한 자가 없었다.

헌종조에는 우선(藕船) 이상적(李尙迪)이 청국 수도 연경에 12회나 다니면서 시문이 천내에 그득하여 중국인과의 함께 읊은 시가 많기로 고금에 제1인이었다. 헌종 · 철종 때에는 하원(夏園) 정지윤(鄭芝潤)이 시와 행실, 두 가지 기행으로 일세를 흔들었다. 고종조에 추금(秋琴) 강위(姜瑋)와 매천(梅泉) 황현(黃玹)과 창강(滄江) 김택영(金澤榮)이 서로 이어서 시단에 우두머리라고 일컬었다.

여류 인사로는 선조조에 허난설헌(許蘭雪軒)과 영조조의 임윤지당(任允摯堂)과 정조조의 강정일당(姜靜一堂)이 높은 문명(文名)을 얻었다.

149. 서화

고려의 충선왕이 연경에 있을 때에 만권당(萬卷堂)을 설치하고 문학과 역사를 즐겼다. 조맹부(趙孟頫)와 자주 교유하면서 고려로 돌아올 때에 조맹부의 필적을 많이 가지고 나왔다. 이 뒤로 고려 · 조선의 서예가들이 조맹부를 많이 배우게 되었다. 조선의 안평 대군이 조맹부의 서체로서 대가가 되자 조정에서는 더욱 이를 숭상하였다.

조선 국초 이래로 서예의 대가가 연이어 나왔다. 이중 세종의 셋째 아들인 안평대군 이용(李瑢)과 종왕(鍾王)의 서체를 배워 인수체(仁壽體)란 것을 만들어낸 중종조의 자암(自庵) 김구(金絿)는 큰 글자를 잘 썼다. 명종조의 봉래(蓬萊) 양사언(楊士彦)은 초서로 이름이 높았고, 선조조의 석봉(石峯) 한호(韓濩)는 남다른 노력과 숙달과 깨달

안평대군 집터(서울, 종로)
바위에 '무계동'이란 각자가 있다.

음으로 조선 제일의 칭호를 얻었으며 중국인들에게 왕희지(王羲之)·안진경(顔眞卿)과 서로 우열을 다툴 것이라는 평을 얻었다. 이들 4인은 일찍부터 국조의 4대가(四大家)로 일컬어졌다.

그 뒤 숙종조에 백하(白下) 윤순(尹淳)은 재주와 학식을 겸비하고 고인의 정화를 모두 터득하여 동방의 탁한 기운을 깨끗이 씻어냈다는 평을 얻었다. 영조조의 원교(圓嶠) 이광사(李匡師)는 새롭고 예리하고 세속을 초달하여 일대의 거장으로 인정을 받았다.

순조조에 추사(秋史; 혹은 禮堂·阮堂) 김정희(金正喜)가 나서 출중한 재주에 절륜한 공부를 쌓고 고대 청동기에 쓰인 글씨와 서예집과 비문에 있는 글씨를 깊이 연구하여 식견이 고매하였다. 조선의 서도가 이에 이르러 독특한 경지에 오른 모습을 보였다. 그 한·위(漢·魏)의 정취와 진·당(晉·唐)의 서법을 융합하여 홀로 터득한 공부를 발휘한 것을 세상에서 추사체(秋史體)라고 일컬었다(추사는 서예뿐 아니라 금석학과 고증학의 학문에 정통하고, 또 청국의 이름난 유학자 阮元·翁方綱과 교통하여 經術과 기타에 깊은 조예를 지니고 있었다).

김정희와 전후하여 평양에 눌인(訥人) 조광진(趙匡振)이 있고, 전주에 창암(蒼巖) 이삼만(李三晩)이 있어서 다 크게 필명이 있었다. 고종조에는 향수(香壽 혹은 夢人) 정학교(丁學教)가 명성을 널리니 광화문의 현판이 그의 필적이다.

조선의 회화는 세종조의 안견(安堅) · 최경(崔涇)으로부터 대가를 보게 되었다. 안견은 산수화에 능하고 최경은 인물화를 잘 그렸다. 중종조의 이상좌(李上佐), 인종조의 신사임당(申師任堂; 李蘭秀 아내이자 이율곡의 어머니), 선조조의 양송헌(養松軒) 김제(金禔) · 학림정(鶴林正) 이경윤(李慶胤), 인조조의 연담(蓮潭) 김명국(金明國) · 창강(滄江) 조속(趙涑), 숙종조의 공재(恭齋) 윤두서(尹斗緒)는 산수화를 잘 그렸고, 특히 진경(眞景)에 능하여 동방 산수화의 종장이라 불렸으며, 그 제자의 현재(玄齋) 심사정(沈師正)이 또한 명화로써 이름을 날려 세상에 2재(二齋)라는 칭호가 있었다.

정조조에 단원(檀園) 김홍도(金弘道)가 있어 산수화 · 인물화 · 식물화 · 동물화에 다 그림의 묘미를 터득하고 의장(意匠)과 필법에 독특한 경지에 도달함에 미쳐 조선의 회화가 비로소 크게 불꽃을 발하였다.

김홍도와 동시에 호생관주인(毫生館主人) 최북(崔北)과 고송유수관도인(古松流水館道人) 이인문(李寅文)은 산수화로, 긍재(兢齋) 김득신(金得臣)과 혜원(蕙園) 신윤복(申潤福)은 풍속화로 유명하였다. 헌종조에는 희원(希園) 이한철(李漢喆) · 고람(古藍) 전위(田瑋), 고종조에는 오원(吾園) 장승업(張承業) · 소림(小琳) 조석진(趙錫晉) · 심전(心田) 안중식(安中植)이 명화가로 이름이 났다. 장승업은 특히 자유분방한 필법과 신비로운 기운으로써 독보의 이름을 얻었다.

또 일종의 특별한 재능으로 매화 그림은 선조조의 설곡(雪谷) 어몽룡(魚夢龍), 효종조의 허오(許鰲), 숙종조의 매창(梅窓) 조지운(趙之耘), 헌종조의 우봉(又峯) 조희룡(趙熙龍)이 이름이 났다. 대나무 그림은 선조조에 석양정(石陽正)에 봉해진 탄은(灘隱) 이정(李霆)과 그 외

조카 김위빈(金渭濱), 영조조의 수운(峀雲) 유덕장(柳德章), 순조조의 자하(紫霞) 신위(申緯)가 유명하다.

난초 그림은 수월(水月) 임희지(林熙之)·추사(秋史) 김정희(金正喜), 고종조의 석파(石坡) 흥선대원군(興宣大院君) 이하응(李昰應)·운미(芸楣) 민영익(閔泳翊)·소호(小湖) 김응원(金應元)이 유명하다. 포도 그림은 중종조의 영천자(靈川子) 신잠(申潛), 효종조의 육오당(六五堂) 정경흠(鄭慶欽) 및 그 세 아들 정유승(鄭維升)·정유점(鄭維漸)·정유복(鄭維復), 숙종조의 호곡(壺谷) 홍수주(洪受疇)가 유명하다.

묵모란 그림에 헌종조의 소치(小癡) 허유(許維), 돌 그림은 향수(香壽) 정학교(丁學敎), 동물 그림은 중종조의 두성령(杜城令) 이암(李巖), 물고기와 새우 그림은 헌종조의 임전(琳田) 조정규(趙廷奎), 갈대와 기러기 그림에 고종조의 석연(石然) 양기훈(楊基薰), 나비 그림에 헌종조의 일호(一濠) 남계우(南啓宇), 불화에 선조조의 유성(惟性), 정조조의 쾌윤(快允)·계백(季伯), 고종조의 경선(慶船) 등이 이름이 드러난 이들이다.

150. 학술

농업과 기후는 밀접한 관계를 가지고 있다. 농업에 영향을 미치는 역법과 수학은 언제든지 각별한 주목을 받고 이 방면에서 대대로 학자가 끊이지 아니하였다. 세종조에 윤사웅(尹士雄)·최천구(崔天衢)·이무림(李茂林)·정경국(鄭榮國)·박유신(朴維新)·김흥국(金興國)·이대정(李大楨)·정강(鄭剛) 등은 조정에 들어와서는 내첨성대(內瞻星臺)에서 별자리의 운행을 관측하고, 조정을 나가서는 백두산·설한점(雪寒岾)·마니산·한라산에서 북극의 고도를 측정하였다.

정흠지(鄭欽之)·이순지(李純之)·김담(金淡) 등은 명나라와 아라비아의 역법을 연구하여 주상의 측험 대업에 기초 정보를 제공하

규표 모형(경기, 여주 영릉)

였다. 또한 이들은 『제가역상집(諸家曆象集)』·『칠정산내외편(七政算內外編)』·『태양통궤(太陽通軌)』·『태음통궤(太陰通軌)』·『교식통궤(交食通軌)』·『오성통궤(五星通軌)』 등과 기타 허다한 책을 저술하였고, 간의(簡儀)·혼의(渾儀)·혼상(渾象)·일구(日晷)·일성정시의(日星定時儀)·자격루(自擊漏) 등과 기타 허다한 의기(儀器)를 제작하였다. 또 천문도를 새로이 새기고 측우기를 처음으로 제작하니, 이 학문의 융성함이 이때에 최고조에 이르렀다.

세종조에는 규형(窺衡)을 만들어 눈으로 보는 차이로써 땅의 멀고 가까움과 높고 낮음을 측량하였다. 성종조에는 규표(窺票)를 만들어 천체 운행의 수(數)로써 야시법(夜法時)의 시간 단위인 경점(更點)을 바로 잡았다.

선조 이후에 이태리 선교사 마테오 리치·아담 샬 등에 의해 서양의 수학과 역법이 중국에 수입되자 조선은 금령을 무릅쓰고 그것을 배워 오기에 고심하였다. 인조조의 송인룡(宋仁龍)·김상범(金尙範) 등의 10여 년 노력으로써 효종 4년(1653)에 서양 역법을 따른 시헌력(時憲曆)을 행하기에 이르렀다.

철종조에 남병철(南秉哲)·남병길(南秉吉) 형제가 수학에 밝아서 남병철은 『의기집설(儀器輯說)』·『해경세초해(海鏡細草解)』·『추보속해(推步續解)』를 짓고, 남병길은 『시헌기요(時憲紀要)』·『성경(星鏡)』·『산학정의(算學正義)』·『추보첩례(推步捷例)』를 지어서 이 학문의 징검다리가 되었다. 그와 전후하여 김상혁(金尙爀)이 또한 수학으로 유명하여 『산술관견(算術管見)』이란 저술을 남겼다.

의학은 세인의 목숨을 구하고 대중을 구제하는 수세제중(壽世濟衆)의 비방이라 하여 상하가 모두 여기에 힘을 쓰고 이름난 의원들과 중요 의서들이 서로 이어서 나왔다. 태조조에 이미 제생원(濟生院)과 의학원(醫學院)을 설치하여 의료의 길을 넓혔다.

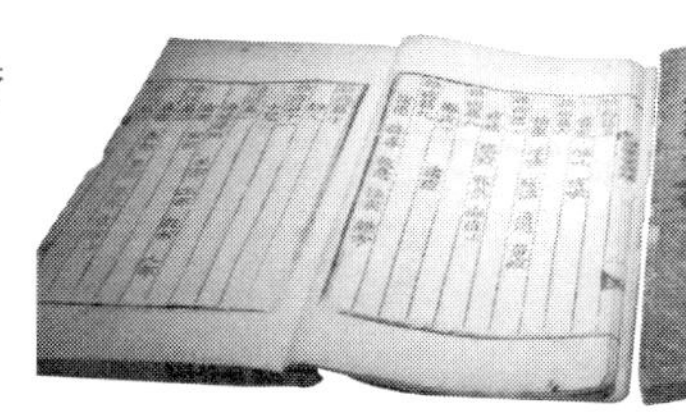

『동의보감』

한편 정경선(鄭敬善)으로 하여금 고래의 중요 처방과 국인들의 경험을 모아서 전 30권의 『향약제생집성방(鄕藥濟生集成方)』(부록 牛馬醫方)을 찬술케 하니, 이것이 조선 의서의 시조이자 조선 본초학(本草學)의 효시를 이루는 것이다. 세종조에 노중례(盧重禮)는 『신증향약집성방(新增鄕藥集成方)』과 『태산요록(胎産要錄)』 2권과 『언해(諺解)』 1권을 찬술하였다.

선조조에 어의 허준(許浚)이 내외의 의학 서적을 모아서 16년 간 노력을 기울여 『동의보감(東醫寶鑑)』(23편)을 편술하였다. 이 책은 내경(內景; 내과학) · 외형(外形; 외과학) · 잡(雜; 유행병, 곽난, 부인과, 소아과) · 탕액(湯液; 약방) · 침구(針灸; 침질과 뜸질) 등으로 나누어서 고금 의학의 정요를 종류별로 모은 일종의 의학 백과전서였다. 이 책이 세상에 나오자 중국과 일본이 모두 일찍부터 다시 간행하여 길이 동방 의서의 왕이 되었다.

이 뒤에도 의서의 찬술이 많았다. 그중 정조조에 강명길(康命吉)의 『제생신편(濟衆新編)』(5권)이 가장 드러난 것이다. 더욱이 『제생신편』 중의 '약성가(藥性歌)'는 본초학 입문의 길잡이로 유명하다. 철종조에 혜암(惠庵) 황지연(黃芝淵)이 『동의보감』 이하 여러 의학 책을 참고하고 다시 새로운 처방과 중요한 비방을 보태 『의방활투(醫

方活套)』를 만들었다. 뒤에 '약성가' · '맥결(脈訣)' 및 기타를 더하여 『방약합편(方藥合編)』이라 이름하였다. 그 책이 간요하고 정확하므로 금세 사방에 보급되어 민간 의료상의 일대 신기원을 이루었다.

고종조에 이제마(李濟馬)가 독특한 연구를 통해 사람의 체질에 태양(太陽) · 소양(少陽) · 태음(太陰) · 소음(少陰)의 4종류가 있어 의리(醫理)와 약효가 서로 같지 아니함을 밝혔다. 이른바 사상의법(四象醫法)이요, 그 이론을 간략히 설명한 것으로 『동의수세보원(東醫壽世保元)』이 있다.

본초학에는 선조조의 추담(秋潭) 정외(鄭頠)가 유명하고, 고종조의 혜암 황지연의 아들 황필수(黃泌秀)가 가학을 이어 열정적으로 공부하였다. 위생학에는 세종조의 김순의(金循義)는 『식료찬요(食療纂要)』를 짓고, 중종조의 박운(朴雲)은 『위생방(衛生方)』을 편찬하고, 정유인(鄭惟仁)은 『이생록(頤生錄)』을 만들었다.

또 위에서 거론한 외에, 역대의 대표적 명의를 말하면 세종조의 배상문(裵相文), 세조조의 조경지(曺敬智), 예종조의 허창(許菖), 성종조의 김흥수(金興守), 연산조의 하종해(河宗海) · 고세보(高世輔), 중종조의 안찬(安瓚) · 박세학(朴世學), 명종조의 김윤은(金允誾). 선조조의 안덕수(安德壽) · 손사명(孫士銘) · 장한웅(張漢雄) · 양예수(楊禮壽) · 김응탁(金應鐸) · 이명원(李命源), 광해조의 정남수(鄭楠壽), 인조조의 이형익(李馨益) · 박현(朴顯), 효종조의 유후성(柳後聖) · 조징규(趙徵奎), 현종조의 유상(柳瑺), 숙종조의 방태흥(方泰興), 경종조의 박태초(朴太初), 영조조의 임서봉(任瑞鳳), 정조조의 이익성(李益成), 고종조의 이규준(李奎晙) 등이 그 두드러진 이들이다.

의학의 일분야의 재능으로는 종기병에 효종조의 신가귀(申可貴) · 최유태(崔有泰), 숙종조의 백광현(白光炫), 정조조의 피재길(皮載吉) · 이동(李同), 피부병에 선조조의 김범(金範), 부스럼병에 선조조의 김수량(金遂良), 황달과 학질에 명종조의 유지번(柳之蕃), 부인병에 앞에서 나온 노중례 · 허준, 아동병에 정조조의 이원풍(李元豊), 침술에 세종조의 박지지(朴知止), 중종조의 김순몽(金順蒙), 선조조의 임언국(任彦國) · 이이(李珥), 인조조의 허임(許任) · 윤후익(尹後益), 영조조의 조광일(趙光一), 마의(馬醫)에 선조조의 김응수(金應壽) · 안지(安祉) 등이 혹 학리와 혹 실제로 가장 드러난 이들이다.

농사짓는 이치로는 오랜 경험이 토지에 적용된 많은 원리를 드러내 밝혀 건농(乾農; Dry Farming) · 돌려짓기[輪栽] · 풋거름주기[綠肥] 등 진보적인 방법을 세계에 앞서서 구명 시행하였다. 근대 과학의 산물인 농업과 토목의 이론에 부합하는 지하수 이용의 관개술도 진작에 발명되었다(武田總七郎 강술 麥作論 및 勸業模範場彙報 제12호 참조).

이것들을 서술한 책에는 세종조에 왕명으로 편찬한 『농사직설(農事直說)』, 세조조의 강희맹(姜希孟)의 『금양잡록(衿陽雜錄)』 및 『사시찬요(四時纂要)』, 현종조의 박세당(朴世堂)의 『색경(穡經)』, 정조조의 서유구(徐有榘)의 『임원경제지(林園經濟志)』 중의 '본리지(本利志)' · '전공지(展功志)' · '예원지(藝畹志)'와 헌종조의 정학가(丁學嫁; 초명 학연)의 『종축회통(種畜會通)』 등이 드러났다.

박물 관계의 책에는 강희안(姜希顔)의 『양화소록(養花小錄)』, 김려(金鑢)의 『우해이(牛海異)』, 정약전(丁若銓)의 『자산어보(玆山魚譜)』와 순조조 유희(柳僖)의 『물명고(物名考)』, 헌종조의 정학상(丁學祥)의 『시명다식(詩名多識)』 등이 있다.

부록

역사를 통해서 본 조선인

1

진역(震域)은 동방 문화가 발생하여 번성한 곳이요 민족이 모였다 흩어지는 점이라. 백두산, 흑룡강, 요동 벌판, 한해(瀚海)의 1만리 무대에 걸친 맥국의 바람, 마한의 비, 달단(韃靼)의 말, 왜국의 배에 나타난 반만년 희극은 인류 생활사상에서 가장 유구하고 복잡하고 미묘한 하나의 표현으로서 교훈과 감흥의 보고라 할 것이다.

2

조선의 역사에서 누구든지 경탄치 아니치 못할 점은 그 유구성이요 지구력이요 강인함이요 적응력이다. 조선 역사는 그 제1장이 이미 오랑캐('되')와의 대립으로서 열린 뒤로 강대한 이민족과의 항쟁에서 벗어나 본 적이 없다. 동방의 역사에서 말발굽의 메아리와 깃발의 그림자를 날릴 정도로 군사가 강성했던 민족치고 조선을 향해 그 활이나 창을 번득여 보지 아니한 민족은 없었다.

그렇지만 이런 가운데 온갖 태풍을 만났음에도 태연한 바다와 같이 단일 영토, 단일 민족, 단일 문화의 전통을 길이 보전한 것은 세계 역사에서 하나의 기적 같은 일이라고 할 것이다. 낙랑의 3백년 역사는 낙랑 공주가 호동 왕자에게 넘어가 자명고(自鳴鼓)를 찢음으로써 남에게 나라를 빼앗겼고, 몽고가 강성하던 시절에는 몽고의 점령지에서 몽고에 대항하여 나라를 지켰던 경우는 없었다. 때에 따라 속으로 흐르고 때에 따라 묵묵히 참고 따르면서 장하게도 일관된 국가 역사를 유지한 것이 조선이다.

3

조선의 역사는 사회 가치보다 문화 가치가 뛰어난 기록이니, 문화의 창조력에 있어서 조선인은 진실로 드물게 보는 천재 민족이라 할 수 있다. 고려의 금속활자 · 상감청자, 조선의 훈민정음 · 측우기 · 철갑선 · 비차(飛車) 등은 이미 누구나 아는 바이다. 사물의 형체가 없는 방면에서 신라의 화랑 훈련법과 고구려의 오부(五部) 군단제(軍團制) 같은 것은 사회 제도상에 보이는 하나의 독창적 제도라고 말할 수 있다.

과거 진역 사람들이 천문 관측에 능했음은 중국의 실록에도 전하는 바이요, 동양 최고의 천문학 실적이 현재 경주에 엄연히 존재하고 있다. 원시 시대의 역법과 점성술에 이미 조선인의 독창력이 발휘되었을 것임을 상상케 해주는 증거도 적지 아니하다. 다만 혜성처럼 일시적인 섬광에 그치거나 간헐천처럼 끊어졌다 이어지는 덧없는 불만스러움은 있다. 그러나 조선인의 속마음에 독창성의 섬들이 여기저기 흩어져 있음은 누구의 눈에든지 뜨일 것이다.

4

조선인의 문화적 성적에 또 포괄력 · 조화력과 집성력 · 통합력이 하나의 중요한 특색임을 인식할 것이다. 북부 아시아에 산만하게 존재하던 민간 신앙이던 것이 조선에 와서 '붉은'(불), '부루(夫

婁)'의 신도(神道)로 일대 문화의 근원을 이룬 것도 이미 그 확실한 사례이다. 아울러 불교가 들어온 지 겨우 수백 년에 원효(元曉)가 나와 통일 불교의 선구를 이루고, 성리학이 유행한 지 또한 수세기에 퇴계(退溪) 이황(李滉)이 나와 유교 사상의 정주학(程朱學)을 완성한 것 같은 일은 진실로 사상적 기능에 나타난 조선인의 특질 가운데 하나일 것이다.

불교 경전에서 고려 시대 대각 국사(大覺國師) 의천(義天)의 『속장경(續藏經)』, 특히 선문(禪文)에서 각운 선사(覺雲禪師)의 『선문염송설화(禪門拈頌說話)』, 의학서에서 허준(許浚)의 『동의보감(東醫寶鑑)』, 음악이론에서 박연(朴堧)의 음악 정리 및 그 나머지 중요 문제들을 모아 정리한 성현(成俔)의 『악학궤범(樂學軌範)』, 무예서에서 정조조에 정조가 직접 편찬 방향을 설정한 『무예도보통지(武藝圖譜通志)』, 경제서에서 서유구(徐有榘)의 『임원십육지(林園十六志』)는 각기 한 방면에서 조선인의 집성적 특질을 발휘한 것들로 볼 수 있다.

저 경주의 석굴암 불상이 위대한 조화로 최대 특색을 삼고 있음을 볼 때, 조선인의 타고난 바탕이 천재적이라기보다는 집성적 · 통합적이라는 것을 무엇보다도 분명히 인식할 수 있을 것이다.

5

조선 역사의 또 하나의 특색은 도덕적이라는 점이다. 수렵과 살벌함을 생활 기조로 하는 옛 동방 민족들 사이에서 농업 사회와 그 특색인 질서와 예양(禮讓)의 미덕을 넉넉히 지닌 조선의 출현은 진실로 평화와 도덕의 횃불이었다.

고대의 중국인이 진역(震域)을 이르되 '태평(太平; 『爾雅』)', '군주국(君主國; 『山海經』 · 『論語』)', '대인들의 저자(大人之市; 『山海經』)'라 하였다. 진역사람을 이르되 '어진 사람(仁人)'(『爾雅』), '착한 사람(善人)'(『神異經』)이라 하였다. 진역 풍속을 이르되 "사양함을 좋아하고 다투지 않는다(好讓不爭;『山海經』).", "항상 공손히 앉아 서로를 범하지 않고, 서로 칭찬해주고 헐뜯지 않고, 환란을 당한 사람을 보면 죽음을 바쳐서라도 구해준다(恒恭坐而不相犯 相譽而不相毁 見人有患 投死救之."『신이경(神異經)』), "그 백성들이 서로 도둑질하지 않는지라 대문을 닫아거는 일이 없으며, 부인네들이 정절을 지키고 믿음이 있어 음란하지 않다(其民終不相盜 無門戶之閉 婦人貞信不淫)."(『漢書』), "거칠고 크고 강하고 용감하여 도둑질하거나 노략질하지 않는다(麤大彊勇 而不爲寇鈔)." "성품이 본래 훌륭하여 즐기거나 욕심내는 일이 적으며 염치가 있다(性原懿 少嗜欲 有廉恥)." "청탁하거나 구걸하지 않았다(不請匃)." "길 가는 사람들이 서로 마주치면 모두 멈춰 서서 가는 길을 서로 양보하였다(行者相逢 皆住讓路)." "청결한 것을 좋아한다(潔淸自喜.")(이상 모두 『삼국지(三國志)』)라 하였다. 이로써 그 인성과 민풍(民風)의 일반적 양상을 알 것이다.

기자(箕子)는 단군의 선양(禪讓)을 받고, 고려는 신라의 선양을 받고, 조선은 고려의 선양을 받고, 기씨와 조선의 말운(末運)이 또한 선양의 형식을 취하였다. 그러므로 아름다운 일이라고 자만할 것은 결코 아니지마는 다른 나라에서는 볼 수 없는 말하자면 선양적 혁명의 사례가 조선 역사상에 가득하다. 그러나 여진족의 모종밭과도 같은 흑룡강과 요동벌판 사이에 이처럼 어질고 사랑스럽고 평화롭고 유순한 민족이 섞여 살게 된 것은 어느 의미로 말하자면 역사의 못된 장난인 것이었다.

조선인의 도덕은 부드럽고 연약하고 겁 많고 나약한 것으로 간주되고, 예양(禮讓)은 활기 없이 뒷걸음질치고 기를 못 펴고 졸아드는 것으로 간주되었다. 그리하여 많은 경우에 조선인의 도덕은 의리의 구현체라기보다는 도리어 굴욕을 차마 받아들이는 것이 되어버렸다. 여하간 조선의 국민 생활사는 설사 실패한 그것이지마는 도덕의 기록임을 부인하지 못할 것이다.

6

또 조선인은 유구한 역사 과정에서 인간으로서 또 국민으로의 여러 가지 결점을 드러냈다. 우선 사회에서는 응집성, 민족으로서는 결속력이 부족하여 안으로 실력을 향상시킬 때와 밖으로 외침을 막아낼 때에 단합적인 위력을 발휘하는 능력이 심히 박약하였다. 한편 공적인 양심과 용기가 매우 결핍함은 무엇보다도 큰 국민적 저능의 표증이다. 조선의 역사는 7할이 내분의 기록이다. 그중에 고려 · 조선의 말기와 같이 내부 분쟁의 여파가 외란의 원인이 되는 추악한 경우도 2, 3할을 차지한다. 이는 물론 그 비국민적인 본질이 폭로된 것이라고 볼 것이다.

7

역사는 조선인이 국민으로서 질서성과 조직력이 부족함을 말해주고 있다. 민족의 생활이나 국가의 지위를 한 걸음 또 한 걸음, 한층 또 한층 실질적인 공부로써 향상 발전시키려 하는 의식과 노력의 부족함이 그것이요, 일시의 뇌동적(雷同的) 행동에는 가끔 큰 힘을 나타내지만, 자각에 바탕을 둔 항구적 진보에는 시원한 능률을 볼 수 없음이 그것이요, 국민의 역사적 과정에는 시대 시대마다의 특수한 사명이 있건마는 이것을 만족스럽게 극복해 낸 경우가 적음이 그것이요, 사업에 앞서 준비가 없고 사업에 뒤이어 징계가 없어서 동일한 국민적 열병을 몇 번이고 되풀이함이 그것이요, 그 시대 혹은 그 사변마다의 최대 요소에 국민 일치의 집중적 노력을 볼 수 없음이 그것이다.

질서를 중히 여기지 아니하고 조직적 세력을 만들기에 취약함은 저절로 막대한 정력의 낭비로 이어져 민족 형성의 역사에 손실을 초래하였다. 저 낙랑을 축출하기 위하여 맥(貊) · 예(濊) · 한(韓)이 꾸준히 노력을 기울였지마는, 오히려 3세기에 일곱 번 넘어지고 여

덟 번 엎어질 수밖에 없었던 것은 민족의 반발력을 전적으로 조직화하지 못하고 또 그 활동이 질서 있게 진전되지 못했기 때문이다. 이것은 민족력이 대손실을 받은 적절한 예이다.

8

조선인은 그 사상 기조에 낙천성이 있다. 이 낙천적 경향이 반드시 언짢기만 한 것은 아니다. 그렇지만 많은 경우에 민족과 문화의 심후성과 독창성을 부족하게 하는 것은 실로 천박한 낙천 사상(樂天思想)이다.

그 역사적 인연으로 그 지리적 약속으로, 조선인처럼 기구하고 험난한 운명에 희롱을 당한 민족은 없다. 조선인이 침통 · 심각 · 핍절 · 진지한 반성 · 참회 · 발분(發奮) · 격려를 나타내지 못함은 무엇보다도 정상적인 감정 기능이 천박한 낙천성에 압축 폐쇄된 까닭일 것이다.

아무리 심한 고통과 분노와 원망이라도 그 당장만 지내고 나면 그만 망각하고 단념하여 경험과 관념이 정당한 가치를 발휘하지 못하는 것은 다 그릇된 낙천성에서 말미암은 것이다. 조선인의 국민적 고질병인 구안증(苟安症) · 무관심증 · 불철저증 · 건망증은 다 이 낙천이라는 병원체에서 발생한 것이다.

9

조선인의 낙천성은 또 한 가지 반갑지 아니한 부작용을 조선사에 드러냈다. 세상 만물을 천박하게 보면서부터 차차 대수롭지 않게 대하게 되고, 비교와 타산과 취사(取捨)와 판단이 명쾌하지 못하고, 그리하여 신경의 마비와 마찬가지로 심리가 이완되어 격렬한 민족 경쟁의 무대에서 태연하고 담담하게 처하다가 모든 것을 잃어버리고 누구에게나 뒤떨어지는 독배(毒杯)를 마시게 되었다.

발악스럽지 못하고, 극악스럽지 못하고, 악착스럽지 못하고, 여무지지 못하고, 올차지 못하고, 부전부전하지 못하고, 성성하지 못하고, 다만 흘미죽하고 다만 흐리멍덩하게 허다 민족들이 용처럼 내달리고 호랑이처럼 뛰어오르는 중간에 끼었으니 조선 역사에 차례가 올 운명이 무엇임을 짐작하기 어려울 것 없다.

번연히 자기의 결함임을 알고도 보완하기에 용감하고 예리하지 못하며, 번연히 남의 장점을 보고도 채취하기에 성실하고 독실하지 못하여 세상이 다 경쟁하며 진보하는데 혼자 조용히 앉아 있고 마침내 퇴락하여 분한 줄도 모르는 일이 많다.

임진왜란 8년에 일본은 이른바 무력을 동반한 유학(遊學)의 업적을 이룩했는데, 조선은 패전의 주요 원인인 조총을 이용함에 있어서도 게으르고 꼼꼼치 못했음이 이것이요, 서양 신문화의 풍조를 쏘인 지 수세기에 정치로나 문화로나 아무 근대적 진입의 실효를 볼 수 없음이 그것이요, 중국의 이용으로 여진(女眞)에게 지고 서양의 접촉에서 일본에게 진 근본 원인이 다 한가하고 느긋한 우유한만증(優悠閑漫症)의 중독에 있다 할 것이다. 조선인은 타인의 진보한 문화에 대하여 흡수력 · 모방력과 소화력 · 융합력이 미약함을 자랑이라 못할 것이다.

10

낙천성에서 파생된 해독에 또 한 가지 사색 기능의 위축을 들 수밖에 없다. 심원하고 정대한 사상적 동기에 뿌리박지 못한 조선인의 행동과 그 결과물인 역사에는 언제든지 이상의 등불이 강하지 못하다. 조선인의 생활 과정은 암만하여도 맹목적 행진이요 의식적 추진의 역사가 아니다. 난리를 평정하여 올바른 세상을 만드는 반란반정(撥亂反正)과 탁한 무리를 몰아내고 맑은 집단을 끌어들이는 격탁양청(激濁揚淸)과 혁명적 정화 작용과 비약적 방향 전환이 조선의 역사상에 많지 아니하였다.

미지근하고 탑작지근하고 하품 나고 졸음까지 오는 기록의 연속이 조선 역사의 외형이다. 혁명 없는 역사는 영혼이 들어 있지 않은 인형과 같은데, 조선의 역사는 전부는 아니어도 거의 그러함을 슬퍼할 것이다. 사상의 기압으로서 이상의 질풍과 그 실행의 사나운 비를 내려서 과거의 오물과 쌓인 폐단을 불어 날려서 아주 새롭게 하는 상쾌한 맛을 조선사에서 보기가 어렵다. 조선인은 아직까지 이상상에서 불구자요, 더욱 그 실현상에서 비할 데 없는 겁쟁이임을 숨길 수 없다.

11

조선인에게는 언제부터인지 형식병, 겉치레 제일의 사상이 하나의 습성을 이루었다. 원시 시대로부터 이미 의관을 좋아하고 연회를 즐기는 버릇이 있더니, 중국과 교류하매 제사에 사용되는 각종 제기를 말하는 조두배작(俎豆杯爵)과 예의를 갖춰 나가고 물러남을 뜻하는 읍양진퇴(揖讓進退)같은 예법에 관한 문물 제도가 퍽이나 그 기호에 맞아서 이것이 얼른 수입되어 크게 유행하였다.

이 예법에 관한 문물 제도의 형식이 신체의 활동을 구속하고 재산과 시간을 낭비하는 것까지는 참고 견딘다고 할지라도, 그것이 정신상으로 침투해 들어와서 강건 · 소박 · 간소 · 편리의 기풍을 줄어들게 하고, 나아가 헛된 이론이나 헛된 명성을 실제의 이익보다 좋아하게 하고, 허위와 분식(粉飾)과 간사한 기교를 하나의 능사같이 여기게 만든 것은 조선 본연의 민성(民性)을 파멸시킨 크나큰 일로서 범연히 넘겨버리지 못할 일이다.

게다가 송나라 유학자의 학술이 사상계의 폭군이 되어 이른바 의리니 명분이니 체통이니 하는 형식적인 것들이 사회 생활의 중심 노릇을 하여 이러한 경향을 더욱 조장하였다. 마침내 이러한 경향이 범람하여 당론 · 파쟁의 동기와 지주가 됨에 미쳐 그 해독이 진실로 말할 수도 없고 제거할 수도 없는 지경에 이르렀다.

국가에 있어서는 은나라 · 주나라의 예와 한나라 · 당나라의 법을 쓰겠다고 하여 정도에 맞지 않고 사정에도 벗어나는 방대하고 번잡한 제도를 그대로 옮겨 오려 하였다. 개인에 있어서는 중국적 예의와 접대를 인생 사회의 가장 중요한 사실로 간주하여 이것을 위해 실질적 · 실제적인 모든 것을 희생하고 돌보지 아니하게 되었다.

이러한 경향이 사실상 우리 공적 · 사적 양 방향의 생활 기능을 단순하게, 가난하게, 어지럽게 만든 가장 큰 원인임을 생각하면, 형식을 좋아하는 폐단의 무서움에 다시 놀랄 것이다. 과거의 조선을 반이나 넘게 깨물어 먹은 것이 바로 이 형식-예문(禮文)이라는 아귀임을 잊어서는 아니 된다.

12

조선인에게는 남들이 고질적인 사대병(事大病)이라고까지 부르게 된 중국 숭배심이 있다. 그런데 중국 숭배의 근본적 동기는 군대 위력이나 재물, 문학이나 경제보다 실상 현란하고 주밀한 중국의 예(禮)에 있다고 우리는 생각한다. 외교상 필요와 경제적 요구는 강렬하다고 하더라도 일시적인 것이다.

그렇지만 인류 생활의 정화요 사회 문명의 극치를 이룬 중국을 화하(華夏)라고 부르고 세계의 중심에 있는 나라라는 의미로 중국(中國)이라고 하면서 비할 데 없이 사모하고 우러러보며 날이 갈수록 더욱 새롭게 여기게 된 가장 큰 원동력은 중국을 예법에 관한 문물 제도의 종가로 보기 때문이었다.

중국은 진실로 조선의 선진국이니 그 문화 가치의 일부분을 떼어 받더라도 당연한 일이다. 그렇지만 중국의 문화재를 그 실질을 파악하여 받아들이지 못하고 치우치게 그 겉치레에만 눈뜬 것은, 조선인의 생활 의식이 심히 불철저하고 그 생활 가치에 대한 헤아림과 선택이 심히 불총명함을 폭로한 것이다. 이는 조선인의 나중 운명을 결정하는 중요한 계기가 되었다.

그러나 이것은 형식을 좋아하는 민족이 당연히 맞이하는 실패로 치부하고 말기도 하겠지마는, 이 중국 지상주의는 한편으로 자기부정 사상이 되어 자기의 본질 · 참모습 · 당위 등에 대하여 아무 감각이나 반성이 없어지게 하고, 다른 한편으로 중국 이외의 세계와 문화에 대한 정당한 가치를 인식하지 못하는 색맹을 만들게 되었다. 그리하여 마침내 조선인이 근대 문화의 정당한 추세에 뒤떨어지게 된 것은 무엇으로도 보상받을 수 없는 조선 민족의 일대 타격 · 일대 손실이었다.

13

형식을 무겁게 여기는 것에 정비례하여 실질을 가볍게 여겨, 그 유폐가 비실제적 · 비실용적 · 비생산적인 물질 사업 천시 경향으로 나타나 이리저리 추락하였다. 한편으로 하는 일 없이 놀고먹는 것을 귀한 품격이라 하고, 실속 없는 글이나 헛된 이야기를 고상한 운치라 하여 피와 땀과 기술을 중시하는 생활을 천박하게 여겼다. 이 결과가 경제의 빈핍, 생활의 저하, 재능의 위축, 생각의 우둔함으로 귀착함은 당연한 운수일 것이다.

이렇게 재주 없는 사람이 덤벼서 대대로 내려오는 조그만 세업(世業)을 뜯어먹으려 하매, 투쟁과 배제가 일어나고, 이에 따라 간사 · 음흉함과 관련 기구 등 가지가지의 악덕이 이 사이에서 양성 · 발생됨도 그 다음의 일일 것이다. 특히 조선 중세 이후의 역사상이 생각 이상으로 추악하고 사특한 요소를 많이 가졌음은 대개 국가적으로 국민적으로 빈곤을 이기지 못함에 말미암은 것이다. 그런데 그 빈곤해진 주원인은 실사구시적 정신의 결여에서 우러나온 것이다.

14

조선인의 본질적 결함 외에 중기부터 기구한 역사적 인연으로 길들여진 파생적 악성이 또한 적지 아니하다. 워낙 장구한 기간 동안 강대한 이민족의 압박을 사방으로부터 받았는데, 이러한 험난한 경우들은 사람의 힘으로 이겨낼 수 없을 정도였다. 그러자 답답한 인심이 부지중에 노력을 초월하는 행운을 상상하다가 마침내 운명 지상적 미신에 얽매이게 되었다. 그리하여 단념 · 태만 · 의탁 · 방임 등 심리의 이완을 유발한 것도 그 하나의 원인이다.

사회와 민족의 발달 과정에 있어서 통일과 분화가 반드시 내부적 조건과 자력만으로 진행되는 것은 아니다. 항상 대외 관계가 중대한 동인이 되어 정당한 실력과 또 그 점진적인 당연한 과정을 거치지 않는 역사의 변화 국면이 많이 출현하여 어언 간에 대외의 의뢰심 · 관망심 내지 과대망상병에 길들여진 것도 그 하나의 원인이다.

이렇게 사회의 진행과 민족의 생장이 정당한 진운을 밟아나가지 못하고 신라의 통일, 고려의 승리, 조선의 혁명 등이 대체로 자연스럽지 못한 책략의 산물이었다. 그러므로 저절로 반대편을 억지로 제압할 필요가 있어서 고려의 남방인 압박, 조선의 서북인 압박과 같은 지방적 파별이 생겼고, 그 파생물 · 부산물로서 고려의 문무관 알력, 조선의 학파 투쟁과 같은 당쟁이 수반되어 일 천 년간 고질로서 조선 멸망의 일대 원인이 된 파쟁병(派爭病)이 성립된 것도 그 하나의 원인이다.

한편 국민의 눈동자와 심기가 역외로 향하지 못하고 좁다란 안에서 복작복작하여 인구와 일자리 사이의 수급상 차이가 생기매 생존 경쟁적인 상대 배제(排擠)가 갈수록 격심하여졌다. 여기에 따라서 관용 · 포괄 · 협동 · 단합의 기능이 극도로 마비되어 버린 것도 그 하나의 원인이었다.

15

조선의 문화와 역사는 요약하자면 위에서 거론한 장점과 단점이 서로 긴밀히 얽혀서 사라지고 자라나는 가운데 인류 생활의 특수한 모습을 형성해 오던 것이다. 따라서 세계에 있는 가장 오래된 나라 가운데 하나요, 상당한 문화를 이룩한 문화의 주인이다. 그런데도 오래도록 민족적 응집과 국가적 성립과 또 그 역사적 단락이 똑똑하지 못한 점에서 조선인과 조선 역사는 진실로 세계사상의 하나의 수수께끼이다.

반만년의 생장으로써 오히려 민족적 완성의 경지에 들지 못하였음을 역사의 앞에서 앙탈할 수는 없다. 이를 집단을 예로 들어 보건대, 신라의 통일에서 민족의 윤곽이 생겼다가 발해가 고려에 귀순 · 부속되어 그 혈연적 지위가 확립되었고, 여말 선초에 압록 · 두만 두 강이 확실히 영토에 편입됨으로써 민족의 생활지가 성립되어, 이에 따라 민족으로서 외적 조건에는 결여된 것이 없었다.

그러나 민족적 내용과 실력과 주심(主心)과 집단 정신은 오래도록 그 성립을 보지 못하였다. 그 발휘와 현양은 아직 문제가 되지 못하였다. 조선의 안에는 아직도 많은 독립 왕국이 대립하고 있음을 볼 수 있다.

16

이를 문화로 예를 들어 보건대, 신라의 문화가 융성하지 아니한 것이 아니나 당나라의 연장에 불과하고, 고려의 문화가 높다 하여도 또한 송나라와 원나라의 모방을 면치 못하며, 겨우 조선에 이르러 세종의 성명을 시작으로 하여 민족 문화의 특색이 강렬히 표현되었다.

그러나 조선인의 문화적 업적이 세계 인류 문화의 전진에 얼마만한 추진력과 첨가량이 되었느냐 하는 것은 심히 말하기 거북한 문제이다. 색시 문화 · 이불속 문화 · 시골구석 문화는 문화로서 대단한 것이 아니라 하여도 꼭 항변할 수 있다고는 못할 것이다. 얼른 말하면 세계적 가치를 가진 훈민정음으로 민족적 공효도 다하지 못함 같은 것이 지금까지 조선 문화의 실제 성능이다.

17

조선인은 그 좋은 말이 있으면서 아직 문법도 체계화하지 못한 민족이다. 오히려 사전 하나도 편찬하지 못한 민족이며, 밝은 이상이 없는 민족이며, 두드러진 문학이 없는 민족이며, 혜택을 세계에 입힌 대발명 · 대창작이 없는 민족이다.

조선인은 일찍이 독립과 자존의 표상을 만들지 못하고, 오히려 근대 세계의 부름에 따르지 못하고, 항상 자기의 성능에 대한 성찰과 시대의 추이에 대한 관찰과 깨달음이 부족하고, 사방으로 의뢰할 곳이나 찾고, 끊임없이 고쳐가고 있다는 핑계로써 온갖 과실을 스스로 용서하고, 온갖 책임을 스스로 숨기는 민족이다.

한마디로 말해서 민족의 품격에 흠이 있는 민족이라고 할 것이다. 그것이 본질적 결함에 말미암은 것이며 역사적 인연에서 생긴 것이다. 현실의 조선인은 이러함이 실상이며, 이것은 민족으로서 최대 병통이며 치욕이다. 따라서 만사를 처리함에 있어 이 엄숙한 사실로부터 출발해야 할 것이다. 속이지 못할 역사의 거울이 이 이상의 아름다움을 우리에게 보여주지 못한다.

18

과거는 언제든지 미래의 준비 과정으로만 가치가 있는 것이다. 그러므로 과거는 회고할 것이 아니라 교훈으로 삼아야 한다. 과거 속에서 자랑거리를 찾으려 할 것이 아니라 타이르고 깨우칠 일을 얻어낼 것이다. 반만년이란 세월도 무궁한 장래에서는 일순간일 따름이요, 실패도 새로운 운명의 비료로서는 도리어 긴요한 것이다.

조선의 현재까지의 역사가 실패의 연속임을 정직하게 승인함이 결코 우리의 새로운 용기와 무궁한 희망을 방해하는 것은 아니다. 엄정한 사실에 기초한 진지한 자각만이 역사를 창조하는 진원의 기력일 수 있을 것이다. 과거의 역사를 질병 기록으로 삼아 보건·양생의 정도(正道)와 실리를 발견함이 우리가 당면한 급무일 것이다.

19

조선의 역사는 이제 본무대로 들어간다. 조선인 생명의 탄력이 이제 세계의 앞에서 시험을 치른다. 과거는 얻고 잃음, 영화와 오욕 그대로 하나의 준비 과정이었거니와 이제부터의 하나하나의 모든 동작은 우리 구원한 운명의 판결력일 것이다.

조선인은 어떻게 해야만 자신을 자각하는 눈을 뜨고, 그 잔뜩 낀 기름으로 멀어버린 눈속에 든 병마를 제거하고, 그리하여 가난과 무지와 부자유에서 자기를 구제하여, 안으로 자기 건축의 성공자가 되고 밖으로 근대 문화의 유능력자가 되며, 나아가 세계 진운상의 의미 있는 지위를 확보하는 자가 될까?

무엇이 우리의 장점이니 늘여야 할 것과 단점이니 고칠 것을 바르게 이해함은 신운명 개척의 제일보일 것이다. 세계가 조선을 구할 것이 아니라 조선이 세계에서 구해 나와야 할 것이다. 주의와 이론으로 조선이 구해지는 것이 아니라 실지 실력만으로 조선이 구해질 것이다.

먼저 조선의 사실에 서자! 현실의 조선과 조선인이 불구자이며 미성년자임을 역사에서 알라. 그러나 시간이 만능자임을 아울러 역사에서 체득하라. 그리고 영원하고 무궁한 완성으로 나가는 일종의 전환기에 우리가 섰음을 엄숙하게 각성하라!

독립운동의 경과

조선은 나라를 처음 세운 이래 반만년 동안 국토와 민생의 전통이 계속 이어져 끊어짐이 없었다. 일본의 억압과 강제에 의해 병합이 이루어지매 국민 상하의 통분과 격노가 폭발하여 의병의 게릴라전이 되고 지사의 실력 양성 운동이 되었다. 또한 한편으로는 국제 정세를 이용하는 외교 공작이 되어 국권 회복의 열성이 날로 고조되었다.

일본은 조선의 통치를 오로지 무력 제일주의에 의하기로 하였다. 일본은 병합에 임박한 시점에 먼저 헌병 본위의 경찰 제도를 마련하여 탄압의 소지를 준비하였다. 병합이 결행되자 일본은 조선 총독을 반드시 육 · 해 군인으로 임용하는 제도를 정하고, 이어 종래의 주둔군(1개 사단 혹 1개 사단 반) 외에 새로이 2개 사단을 증설하여 조선 통제에 충실을 기하였다.

한편 일본은 사상의 단속에 주력하여 정치적 집회는 물론이요 일반 결사까지도 거의 금지적으로 막았다. 신문 잡지는 폐간에 이를 정도로 가혹히 감독하고 사찰하였고, 일반 출판물은 준엄한 검열제로 실시하였다. 특히 역사 · 전기 · 가요 등 민족 정신을 고취하는 문자는 이전까지 소급하여 판매와 분포를 금지하였고, 황해도 구월산의 단군묘 이하 무릇 국혼의 의지가 될만한 사적은 모조리 파괴하여 버렸다.

또 일본 통치에 불복하는 애국자를 없이 하여 버릴 목적으로 맨 먼저 데라우치 마사타케(寺內正毅) 총독 암살을 계획했다는 거짓 옥사를 만들어 다수한 명사를 잡아들여 가혹한 형벌과 준엄한 벌에 처하였다. 그리고 대소 갖가지의 비슷한 함정을 만들어서 조금만 불평을 가진 듯한 자면 붙잡아 넣어서 존립할 수가 없이 하였다.

그러나 잠복 암행하여 광복을 꾀하는 이들이 서로 이어져 끊이지 않았다. 국내에서의 운동이 거북해진 이들은 눈을 해외로 돌려 첫째 두만강 대안의 접경지인 북간도를 주목하였고, 거기에 이어 노령 연해주 · 시베리아, 중국 서간도 내지 만주로 운동 근거지를 넓혀나갔고, 다시 중국의 베이징 · 톈진 · 난징으로 범위를 넓혔다. 여기에 하와이와 북미의 재미동포가 서로 호응하여 국혼을 환기하고 경제력을 함양하고 군사를 훈련시키는 등 세력에 따라 호응하였다.

한편 세계 대국의 추이에 안목을 밝혀서 가깝게는 중국의 혁명운동에 투입하고 멀리는 국제의 사회당 회합 등에 연락을 취하여 진실로 해방 전선에 도움이 있을 듯한 곳이면 어디든지 발을 던졌다.

갑인년(1914) 4월에 세르비아의 청년 한 명이 오스트리아 황태자를 저격한 사건으로 말미암아 시작된 구라파의 풍운이 드디어 세계의 대전란으로 발전하여 인명과 재산에 유례없는 희생을 냈다. 무오년(1918) 11월에 독일과 오스트리아가 패하여 항복함으로써 세계대전이 끝났다.

그러나 누가 이기고 누가 패하든지 간에 이 전후에 세계의 근본적 개조가 진행될 것은 미리부터 일반이 감지한 것이었다. 더욱이 그해 1월에 미국 대통령 윌슨이 강화의 기초 조건으로서 발표한 '14개조 원칙' 중에 각 민족이 각자의 운명을 자결할 것이라는 이른바 민족 자결주의의 조항에 있었다. 1919년 1월 이후에 영국·미국·프랑스·이탈리아·일본 5대국이 이 지도 원리 하에 파리에서 예비적 평화 회의를 열게 되었다. 그러자 세계에 있는 피압박 민족 중에 누구보다도 조선인은 이것을 예민하게 받아들여 이 정세를 정치적으로 유용하게 이용하고자 국내외 일치로 진작 착수하였다.

바야흐로 이러할 즈음에 1919년 1월 22일 고종 황제가 서거하였다. 그 병환의 원인에 의문점이 있다는 말이 퍼져서 국내의 인심이 크게 충격을 받았다. 1918년 이래로 나라 안에서 은밀히 계획하며 묵묵히 운동하던 민족 자결 계획이 여기에서 폭발하게 되었다.

민족 대표들은 3월 3일 고종 황제의 국장(國葬)에 13도 인민 수십 만 명이 경성에 모여들 것임을 예상하였다. 그리하여 이날 민족 대표의 독립 선언을 결행하기로 하여 2월 말까지 만세 운동의 준비를 완료하였다. 3월 1일에 조선 민족 대표 33인의 이름으로 중앙과 각 지방에서 일제히 '독립선언서'를 발포하였다.

거기에 이어 미리 집결하기로 약속했던 청년 학생 중심의 행동대가 가두 행진을 거행하여, 40~50만의 군중이 독립 만세를 높이 외치면서 전시가지 주요 거리를 완전히 독립 전선을 만들었었다. 이날 하늘은 맑고 날은 화창하여 10년 동안 암물하게 움추렸던 조선의 산하가 갑자기 광채를 발하고, 독립 만세 이외의 다른 것이 죄다 소리와 숨을 죽이고, 하늘과 대지가 온전히 조선 민족 자결의 부르짖음에 맡겨졌다.

선언서

우리는 이에 우리 조선이 독립한 나라임과 조선 사람이 자주적인 민족임을 선언한다. 이로써 세계 만국에 알리어 인류 평등의 큰 도의를 분명히 하는 바이며, 이로써 자손만대에 깨우쳐 일러 민족의 독자적 생존의 정당한 권리를 영원히 누려 가지게 하는 바이다.

5천년 역사의 권위를 의지하여 이를 선언함이며, 2천만 민중의 충성을 합하여 이를 두루 펴서 밝힘이며, 영원히 한결같은 민족의 자유 발전을 위하여 이를 주장함이며, 인류가 가진 양심의 발로에 뿌리박은 세계 개조의 큰 기회와 시운에 비추어 함께 나아가기 위하여 이 문제를 내세워 일으키는 것이다. 이는 하늘의 지시이며, 시대의 큰 추세이며, 전 인류 공동 생존권의 정당한 발동이기에 천하의 어떤 힘이라도 이를 막고 억누르지 못할 것이다.

낡은 시대의 유물인 침략주의 · 강권주의에 희생되어 역사가 있은 지 몇 천만 년 만에 처음으로 다른 민족의 압제에 뼈아픈 괴로움을 당한 지 이미 10년이 지났다. 그동안 우리의 생존권을 빼앗겨 잃은 것이 그 얼마이며, 정신상 발전에 장애를 받은 것이 그 얼마이며, 민족의 존엄과 영예에 손상을 입은 것이 그 얼마이며, 새롭고 날카로운 기운과 독창력으로써 세계 문화에 이바지하고 보탤 기회를 잃은 것이 그 얼마나 되겠느냐?

슬프다! 오래 전부터의 억울함을 떨쳐 버리면, 눈앞의 고통을 헤쳐 벗어나려면, 장래의 위협을 없애려면, 눌러 오그라들고 사그라져 잦아진 민족의 장대한 마음과 국가의 체모와 도리를 떨치고 뻗치려면, 각자의 인격을 정당하게 발전시키려면, 가엾은 아들딸들에게 부끄러운 현실을 물려주지 아니하려면, 자자손손에게 영구하고 완전한 경사와 행복을 끌어대어 주려면, 가장 크고 급한 일이 민족의 독립을 확실하게 하는 것이다. 2천만의 사람마다가 마음의 칼날을 품어 굳게 결심하고 인류 공통의 옳은 성품과 이 세대를 지배하는 양심이 정의라는 군대와 인도라는 무기를 가지고 보호하고 도와주고 있는 오늘날, 우리는 나아가 취하매 어느 강자를 꺾지 못하며 물러가서 일을 꾀함에 무슨 뜻인들 펴지 못하랴?

병자 수호 조약 이후 때때로 굳게 맺은 갖가지 약속을 배반하였다

하여 일본의 배신을 죄주려는 것이 아니다. 그들의 학자는 강단에서, 정치가는 실제에서, 우리 옛 왕조를 식민지로 대우하며 우리 문화 민족을 야만족처럼 대우하며, 한갓 정복자의 쾌감을 탐할 뿐이요, 우리의 오랜 사회 기초와 뛰어난 민족의 성품을 무시한다 해서 일본의 의리 없음을 꾸짖으려는 것도 아니다. 스스로를 채찍질하고, 격려하기에 바쁜 우리는 남을 원망할 겨를이 없다. 현사태를 수습하여 아물리기에 급한 우리는 묵은 옛일을 응징하고 잘못을 가릴 겨를이 없다.

오늘 우리에게 주어진 임무는 오직 자기 건설이 있을 뿐이요, 그것은 결코 남을 파괴하는 데 있는 것이 아니다. 엄숙한 양심의 명령으로써 자기의 새 운명을 개척함일 뿐이요, 결코 묵은 원한과 일시적 감정으로써 남을 시새워 쫓고 물리치려는 것이 아니로다. 낡은 사상과 묵은 세력에 얽매어 있는 일본 정치가들의 공명에 희생된, 불합리하고 부자연에 빠진 이 일그러진 상태를 바로잡아 고쳐서 자연스럽고 합리적이며 올바르고 떳떳한, 큰 근본이 되는 길로 돌아오게 하고자 함이로다.

당초에 민족적 요구로부터 나온 것이 아니었던 두 나라 합병이었으므로 그 결과가 필경 위압으로 유지하려는 일시적 방편과 민족 차별의 불평등과 거짓 꾸민 통계 숫자에 의하여 서로 이해가 다른 두 민족 사이에 영원히 함께 화합할 수 없는 원한의 구덩이를 더욱 깊게 만드는 오늘의 실정을 보라! 날래고 밝은 과단성으로 묵은 잘못을 고치고 참된 이해와 동정에 그 기초를 둔 우호적인 새로운 판국을 타개하는 것이 피차간에 화를 쫓고 복을 불러들이는 빠른 길인 줄을 밝히 알아야 할 것이 아닌가?

또 원한과 분노에 쌓인 2천만 민족을 위력으로 구속하는 것은 다만 동양의 영구한 평화를 보장하는 길이 아닐 뿐 아니라, 이로 인하여서 동양의 안전과 위태함을 좌우하는 굴대인 4억만 중국 민족이 일본에 대하여 가지는 두려움과 시새움을 갈수록 두껍게 하여, 그 결과로 동양의 온 판국이 함께 넘어져 망하는 비참한 운명을 가져올 것이 분명하다. 오늘날 우리 조선의 독립은 조선 사람으로 하여금 정당한 생존과 번영을 이루게 하는 동시에 일본으로 하여금 그릇된 길에서 벗어나 동양을 붙들어 지탱하는 자의 중대한 책임을 온전히 이루게 하는 것이며, 또 동양 평화로 그 중요한 일부를 삼는 세계 평화와 인류 행복에 필요한 단계가 되게 하는 것이다. 이 어찌 사소한 감정상의 문제이리요?

아! 새로운 세계가 눈앞에 펼쳐졌도다. 위력의 시대가 가고 도의의 시대가 왔도다. 과거 한 세기 내내 갈고 닦아 키우고 길러온 인도적 정신이 이제 막 새 문명의 밝아오는 빛을 인류 역사에 쏘아 비추기 시작하였도다. 새 봄이 온 세계에 돌아와 만물의 소생을 재촉하는구나. 혹심한 추위가 사람의 숨을 막아 꼼짝 못하게 한 것이 저 지난 한때의 형세라 하면, 화창한 봄바람과 따뜻한 햇볕에 원기와 혈맥을 떨쳐 켜는 것은 이 한때의 형세이다. 천지의 돌아온 운수에 접하고 세계의 새로 바뀐 조류를 탄 우리는 아무 주저할 것도 없으며, 아무 거리낄 것도 없도다.

우리가 본디부터 가져온 자유 권리를 온전히 보존하여 생명의 왕성한 번영을 실컷 누릴 것이며, 우리의 풍부한 독창력을 발휘하여 봄기운 가득한 천지에 순수하고 빛나는 민족 문화를 맺게 할 것이로다. 우리는 이에 떨쳐 일어나도다. 양심이 우리와 함께 있으며 진리가 우리와 함께 나아가는도다. 남녀노소 없이 어둡고 답답한 옛 보금자리로부터 활발히 일어나 삼라만상(森羅萬象)과 함께 기쁘고 유쾌한 부활을 이루어 내게 되도다. 먼 조상의 신령이 보이지 않은 가운데 우리를 돕고, 온 세계의 새 형세가 우리를 밖에서 보호하고 있으니 시작이 곧 성공이다. 다만 앞길의 광명을 향하여 힘차게 곧장 나아갈 뿐이로다.

공약 3장

一. 오늘 우리의 이번 거사는 정의 · 인도와 생존과 영광을 갈망하는 민족 전체의 요구이다. 오직 자유의 정신을 발휘할 것이요, 결코 배타적인 감정으로 정도에서 벗어난 잘못을 저지르지 말라.

一. 최후의 한 사람까지 최후의 일각까지 민족의 정당한 의사를 시원하게 발표하라.

一. 모든 행동은 가장 질서를 존중하며, 우리의 주장과 태도를 어디까지나 떳떳하고 정당하게 하라.

조선 건국 4252년 3월

조선 민족 대표 33인 서명

3월 1일에 민족 대표들이 앞서 도쿄로 밀파한 사자가 독립 결행의 통고문과 겸하여 동아시아 치평책(治平策)을 논한 장문을 일본의 정부와 의원에 송치하였다. 그 개요는 다음과 같다.

"한일 합방이 도리를 거스르고 이치에 벗어남은 10년의 실적이 이를 분명히 증명하고 있다. 이 그릇된 국면을 바로잡는 것이 동아시아의 파국을 피하는 유일의 길이다. 그렇지 아니하면 다만 조선과 일본과의 원수 관계가 날로 깊어갈 뿐 아니라 중국 · 일본의 사이가 벌어져 백인이 그 기회를 이용할 것이며, 일본이 세계에서 고립되어 마침내 태평양 비극의 주인공이 되리라."

또 상하이로 파송된 사자는 세계 평화에 대한 조선 독립의 의의를 천명한 진술서를 미국 대통령 윌슨에게 보냈다. 그리고 세계의 개조에서 동양을 무심히 내버려 두거나 또 조선의 독립을 소홀히 여기는 일이 없이 역사적 사명의 수행에 충실하라고 하는 권려문을 각국 대표들에게 각기 발송하였다. 이 여러 가지 문서는 조선 민족의 진심의 소리로서 세계에 큰 반향을 불러일으켰다.

민족 자결의 의거가 한번 일어나자 국내외의 반응이 전파보다도 빨리 퍼졌다. 경성에서는 가두시위가 연일 강행되고 학생은 휴교하고 상인은 철시하고 일본 관청에 취직하였던 자는 서로 옷깃을 이어 사퇴하였다. 한편으로 독립신문이 간행되고 임시정부가 계획

되고 납세와 재판의 거부 운동이 일어났다. 지방에서는 수천 개의 시장이 하나같이 독립 만세 대회장로 변하고, 면면촌촌 · 방방곡곡이 독립 만세의 경쟁장을 이루었다.

일본 군경의 포악한 탄압이 마침내 화공(火攻)과 학살을 자행하였으나 동지의 주검을 밟고 넘으면서 다만 독립 만세의 소리가 파리 평화 회의 의장은 물론 하늘에까지 혹시라도 들리지 아니할까만을 걱정하였다. 또 민족 대표 33인의 후계자로서 황족 이하 각계를 망라한 조선민족대동단(朝鮮民族大同團)과 기타 각 운동 단체가 연이어 생겨나고 뒤이어 일어나 그 형세를 줄이지 못하였다.

일본측의 발표에 의거하면, 3~4월 두 달간의 만세 운동 발생지 숫자가 617곳, 참가 인원이 무려 58만 7천여 명, 인민 사상자가 약 2천 명, 군경 사상자가 약 2백 명, 관공서와 민가 등 파괴당한 건물이 또한 2백 개라 하지마는 실제로는 그 몇 배에 달할 것이다.

국내에서 독립을 결행했다는 소식은 그대로 간도로 알려졌다. 3월 8일 이래로 각지의 대표가 북간도 용정촌으로 모여들어서 연락의 방법을 정하였다. 13일에 용정촌을 시작으로 하여 백두산과 연해주 사이에 있는 각 현과 각 마을에서 차례로 독립 선언식을 거행하였다. 이로부터 서간도 · 남북 만주 · 러시아령 연해주에서 다 열광적으로 메아리처럼 응하였다.

이어 독립군이 각지에서 일어나 일본 군경 주둔소를 습격하고, 그 사냥개인 밀정들의 제거작전과 국경 진입 작전을 전개하였다. 그 뒤로도 이러한 활동이 여러 해 동안 그치지 아니하였다. 마침내 일본으로 하여금 북방 국경 일대에 틈이 없을 정도로 겹겹이 보루를 쌓고 주야로 경비의 눈을 떼지 못하게 하였다.

기미년(1919) 독립 선언은 본디 세계의 대세에 연관하여 발생한 일이었다. 국제적 활동에 편리한 상하이가 차차 운동의 중심지가 되고, 국내에서 발기한 임시정부가 또한 이곳으로 나가 앉고, 중국

· 일본 · 노령 · 미주 등지의 지사들이 이곳으로 모여 각각 담당한 부서에서 내정 · 외교에 관한 국가적 기능을 발휘하였다. 특히 국제연맹과 미국 · 영국 · 프랑스 · 러시아 각국에 사절을 파견하여 조선 독립의 필요성을 강조하며, 또 미국에 구미위원부를 두어 서양에 대한 선전에 종사케 하였다.

1919년 6월에 제1차 세계대전의 강화 조약이 프랑스 베르사이유에서 성립하였다. 그러나 현상 유지에 급급한 열강이 드디어 약소민족 문제의 철저한 해결을 보지 못하여 조선 독립안이 마침내 불문에 붙여졌다. 이에 임시정부는 장기전의 태세에 돌입하여 주로 중국의 혁명 지사와 연결하여 대일 공동 전선의 실현을 기약하고, 한편으로 모든 국제적 회합에 조선에 관한 주의를 환기시키고자 노력하였다.

일본의 제국주의는 점점 대륙으로 침략해 들어갔다. 신미년(1931) 9월에 터무니없는 구실을 만들어 가지고 만주를 강점하였고, 드디어 여기에 괴뢰 정권을 세워 만주국을 만들자 중국인의 격분이 대단하였다. 또 이듬해에는 상하이에 군대를 출동시켜 중국의 심장을 공격하여 차지하려 하니 중국인의 적개심이 더욱 고조되었다.

이에 대한민국 임시정부는 중국의 항전에 대하여 가능한 협조를 하였다. 특히 과격적 직접 행동단을 내세워 일본의 임금 이하 내외 고관을 저격하고 군사 기관을 파괴하며 자주 특별한 공을 세웠다. 이로부터 중국인의 조선 정부에 대한 신뢰가 더욱 깊어졌다. 또 만주에서는 조선인의 반만(反滿) 항일군이 가장 유력한 활동을 계속하여 이른바 만주국의 절대적 위협이 되어 크게 감사와 찬탄을 받았다.

일본의 만주를 빼앗아 점거함을 계기로 하여 유럽에서는 제1차 세계대전의 패배자인 독일과 이탈리아가 고개를 쳐들고 베르사이유 조약의 구속을 벗어나 이전 영토를 회복하려 하였다. 이에 세계 대국이 날로 어지러워지고, 거기에 따라 일본은 더욱 동아시아에서 발호할 틈을 얻게 되었다.

그래서 아직 그 실력이 튼튼해지기 전에 중국을 제압할 목적으로 일본은 정축년(1937) 7월에 베이징에서 루거우차우 사건(蘆溝橋事件)을 일으켜 중국에 대해 감연히 전쟁을 시작하였다. 하는 수 없이 중국은 이제까지의 내부 분쟁을 그치고 온 나라가 힘을 합쳐 항일 전선을 벌여나갔다. 수도를 오지인 충칭(重慶)으로 옮겨 무한한 지구전을 계속하는 한편, 일본을 패망시키지 아니하면 그만두지 않을 태세를 갖추었다.

이에 우리 임시정부는 진용을 다시 정비하고 문무 양 방향의 인물을 총동원하여 중국의 항전에 협동하였다. 정예한 의용대를 각 전투 구역으로 출동시키는 동시에 적의 세력을 정찰하고 교란하는 등의 특무 공작에 진력하여 연이어 성적을 올렸다.

한편으로 조선 내에서는 합법적 · 비합법적으로 가능한 한도의 해방 운동을 꾸준히 진행하였다. 민족적 · 사회적인 실제 운동이 모두 봉쇄된 뒤에는 혹 학생층을 동원하기도 하며 혹 농촌 운동으로 위장도 하여 일본 반대와 신질서 건설의 움직임을 잠시도 쉬지 아니하였다.

이 동안 전쟁 상황이 중대하게 변화함에 따라 조선총독부 당국은 성명 강제 개명 · 조선어 금지 · 신사 참배 강요 등 민족성 파괴 운동을 최고도로 강화하였다. 그렇지만 조선인의 반발력도 그에 비려하여 커져서 갖가지 씩씩하면서도 슬픈 드라마가 각 방면에서 연출되었다.

독일 · 이탈리아 양국은 영국 · 프랑스 및 기타에 대해 현상 타파 운동을 기세 좋게 전개해 나갔다. 마침내 기묘년(1939) 9월에 유럽이 대혼란에 빠져들었다. 처음에 독일의 세력이 무척 강하여 이내

프랑스가 항복하고, 이어 영국 · 소련이 거의 독일에게 제압될 듯 하였다. 일본이 독일 · 이탈리아와 더불어 동맹을 맺고 세계의 블럭적 분할을 꿈꾸다가 전쟁 상황의 급변에 따라 미국과 정면충돌을 하였다. 신사년(1941) 12월에 일본은 드디어 미국 · 영국을 상대로 하는 태평양 전쟁을 일으켰다.

이렇게 동아시아에서의 전쟁이 다시 태평양으로 확대해 나가자 우리 임시정부는 일본의 대미 선전이 개시된 지 4일째인 12월 12일엔 단연히 일본 · 독일에 대한 선전포고를 발하여 세계 신질서 건설의 일익을 담당하였다.

일본이 당초에는 저돌적인 기습 공격 등으로 기세를 올리는 듯 하였다. 그렇지만 마치 유럽에 있는 독일이 영국 · 소련의 양면 작전에 견디지 못하는 것처럼, 동양에서 일본은 중국 · 미국을 상대로 동시에 전쟁을 벌이는 상황을 감당하지 못하였다. 그 때문에 개전 1년 반쯤 뒤로부터는 일본이 쇠퇴하는 모습을 보이기 시작하였다. 마침내 계미년(1943) 11월에 미국 · 영국 · 중국 3국이 북아프리카의 이집트 카이로에 모여 전후(戰後) 수습 방책을 일방적으로 논의하여 정하기에 이르렀다.

이 카이로 회담 후의 선언에서 중국은 만주는 물론이요 타이완 · 평후(澎湖) 등 이전에 상실한 국토를 되찾았으며 조선은 자유독립국으로 부활될 것이 표명되었다. 상황이 이미 여기에 이르러 운명이 분명 결정되었지마는, 일본은 패전 결과의 두려움을 생각하고 오히려 국민을 속이면서 무의미한 발악전을 계속하였다.

이 동안에 미국은 일본에게 내주었던 태평양의 여러 섬들을 모두 회복하였다. 그리고 우수한 성능의 중폭격기를 동원해 일본의 크고 작은 도시들을 차례로 파멸하고, 다시 한순간에 대도시를 폭격할 수 있는 원자 폭탄을 만들었다. 을유년(1945) 7월 하순에 미국 · 영국 · 중국 3국이 독일 중부의 포츠담에서 다시 회담을 열고 일본에 대해 무조건 항복의 최후 기회를 주노라고 포고하는 동시에, 소름끼치는 신형 폭탄의 위력을 두어 군데 도시에 실험하여 보였다.

한편으로 8월 8일에는 소련 공화국이 포츠담 선언에 가입하여 9일에 조선 · 만주의 두 곳 국경으로 진공하였다. 이에 일본은 세력이 궁하고 힘이 다하여 드디어 14일에 미국 · 영국 · 중국 · 소련 4국에 대하여 포츠담 선언을 따르겠다는 통고를 보냈다. 15일에 일본 천황이 스스로 항복한 사실을 국내로 방송하였다. 이에 다년간에 걸친 중일 전쟁 · 세계대전 · 태평양 전쟁이 다 일시에 종국을 고하였다. 세계에 일신하는 기운이 일어나는 가운데 조선의 독립이 37년 만에 회복되었다.

이렇게 하여 일본은 난폭 · 거만하고 거짓을 꾸민 끝에 자기 나라를 망치고, 조선인은 내외가 한 몸이 되고 온갖 어려움을 꿋꿋이 견디어 나가며 협동 항쟁으로써 민족 부흥의 영광을 되찾게 되었다. 그리고 조선 역사의 연면성은 잠시의 구부러짐을 겪었으나 다시 원래의 본상태로 돌아왔다.

해제

1

최남선은 1920년대 중반부터 6·25전쟁 직후까지 30년간 한국사를 깊이 연구하였다. 그는 대한민국 정부 수립 직후 일제에 협력한 친일파를 거세하기 위해 제정한 반민족행위처벌법에 걸려 서대문형무소에서 1개월간 감옥 생활을 하였다. 이때 지은 「자열서(自列書)」에서 그는 "일관된 고행이 국사 연구, 국민 문화 발양에 있었다"고 자부했을 만큼 한국사 연구에 열의를 다한 역사가였다.

최남선은 다양한 분야에 걸쳐 많은 저작을 남겼는데, 그 중에서도 한국사에 대한 저작이 단연 많았다. 그의 한국사 저작은 계몽성과 선구성이 있었으며, 한국사의 전문화와 근대화 및 대중화에 크게 기여하였다. 당시 사회에 큰 영향을 미친 그의 한국사 저작들 중에서 가장 중요한 것은 역시 『조선역사강화(朝鮮歷史講話)』이다.

『조선역사강화』는 최남선이 가장 먼저 저술한 한국사 개설서이다. 그는 3·1운동에 가담한 민족 대표 47인 중 1인으로 체포되어 1919년 3월부터 1921년 10월 가출옥할 때까지 약 2년 8개월간 옥살이를 하였다. 감옥에서 지내는 동안 그는 역사학자로서 일생을 살아가기로 결심하고 언론 · 출판 활동보다는 역사 연구에 전심전력하였다.

1922년 이후 최남선은 주간지 『동명(東明)』과 일간지 『시대일보』의 발행에 잠시 관여한 것을 빼고는 조선 정신을 되살릴 역사 연구와 문학 분야에 전력을 기울였다. 이때 역사 연구에서 그는 두 방향으로 한국사를 연구해 들어갔다. 하나는 기존의 한국사 개설서를 능가하는 새로운 한국사 개설서를 집필하는 것이었다. 다른 하나는 일본인들에 의해 왜곡된 단군 신화를 비롯한 한국 상고사의 체계를 바로세우는 것이었다. 이 두 가지 작업을 동시에 추진하면서 최남선은 오늘날까지도 인용되는 주목할 만한 작품들을 내놓게 되었다.

최남선이 한국사 연구자로서 독창적인 견해를 정립한 것은, 1922년 9월 『동명』 제3호부터 20회에 걸쳐 연재한 「조선역사통속강화개제(朝鮮歷史通俗講話開題)」이다. 이 글은 원래 의도한 분량을 다 마치지 못하고 서문에 해당하는 개제만 연재한 것인데, 여기서 최남선은 한국인이 한국 역사에 대한 지식이 부족하고 과학적 연구를 하지 않았기 때문에 민족적 자각을 이루지 못했다고 개탄하였다. 또한 한국 문화의 발생과 계통, 한국 문화와 다른 문화와의 관련성, 민족 집단을 유지해 한국 문화의 장단점 등을 한국사 연구에서 밝혀내야 한다고 하였다. 아울러 그는 민족적 자각을 위해서는 문화사를 중시해야 한다는 입장을 나타냈는데, 이는 민족보다 문화를 앞세우는 최남선 특유의 문화사관의 정립을 알리는 것이었다. 이러한 문화사관은 이후 최남선의 한국사 개설서를 관통하는 기본 논리가 되었다.

1928년 1월에 최남선은 월간지 『한빛』에 〈조선역사강화(朝鮮歷史講話)〉의 앞부분을 연재하였다. 그리고 10월에 〈조선역사강화〉를 탈고했는데, 이는 6년여의 연구 끝에 이루어진 것이었다. 이렇게 완성된 원고는 1930년 1월 12일부터 3월 15일까지 총 51회에 걸쳐 〈조선역사강화〉로 연재가 되었으며, 1931년 6월에 『조선역사』로 출간되었다. 이 책은 출판 후 얼마 되지 않아 판매 금지되었다가 해방 직후인 1946년에 『(신판)조선역사』로 재출간되었다. 『(신판)조선역사』에서는 한국인을 비하했다는 비판을 받았던 『조선역사』의 부록 「역사를 통하여서 본 조선인」을 빼고, 해방 후의 시대적 요구에 부응하기 위해 「독립운동의 경과」를 새로 집어넣었다.

『조선역사』는 최남선이 집필한 대중용의 한국사 개설서 중에 학술적 가치와 영향력을 지닌 작품이다. 그는 『조선역사』를 집필한 이후 『고사통(故事通)』을 비롯하여 다수의 한국사 개설서들을 펴냈는데, 엄밀히 말해 이들 개설서들은 『조선역사』의 내용을 수정하고 풀어쓰고 가감한 아류본에 지나지 않는다고 말해도 과언이 아니다. 이런 점에서 『조선역사』는 최남선의 한국사 개설서 저술 활동을 대표할 만한 작품이다.

2

『조선역사강화』에서 최남선은 학자나 전문가보다는 일반인들을 위해 '간단하고 평범한' 한국사 개설서를 쓰려 하였다. 그는 한국역사가 걸어온 발자취를 일관적 · 계기적으로 알기 쉽게 일반인들에게 이해시키려 하였다. 이를 위해 그는 역사적 창작품이나 교훈서가 흔히 범하기 쉬운 독단적 · 자의적인 해석을 지양하고, 철저히 사실에 근거한 조리 있고 체계적인 서술을 시도했다. 이러한 의도는 『조선역사강화』의 서문에 잘 나타난다.

역사는 사실의 쓰레기통이 아니며 연대의 실꾸러미가 아니며, 물론 너저분한 고증과 자질구레한 언행록도 아니다. 한 나라의 역사는 그 민족 · 사회 · 문화가 발전하고 성립한 내력을 가장 분명하고 요령 있게 인과적으로 표현한 것이라야 할 것이다. 각각의 사실에 정당한 지위를 부여하여 그것의 정돈되고 가지러한 연쇄가 곧 그 국가 · 민중 · 생활 · 문화의 합리적 전개상이라야 할 것이다. (중간 생략)

각각의 개별 문제에 대해서 오랫동안 공부를 쌓아왔으나 그 계통을 세우고 가치를 정하는 일은 실로 용이치 아니하였다. 더욱이 가능과 당위의 극한에서 이를 눌러 짜내고 다시 증류하여 일반 독자에게 가장 정확하고도 가장 간단명료한 역사 지식과 역사 인식을 붙잡게 하자는 이상은 과연 비상한 고뇌로서 오랜 시간을 자물쇠 채웠다.

최남선은 간명하고 체계적이고 시대 요구에 들어맞는 한국사 개설서를 집필하려 하였다. 이를 위해 그는 『조선역사강화』에서 이전에 나온 한국사 개설서와 당대에 유행하는 한국사 개설서를 두루 참고하고, 여기에 자신의 창견을 적극 가미하였다.

첫째, 최남선은 『조선역사강화』에서 한국사의 성장과 발전 과정을 상고-중고-근세-최근으로 나누어 한국사를 계통적으로 파악하려 하였다. 이때 그가 사용한 시대구분 용어들은 종래 한국사 연구자들 사이에 널리 통용되어 오던 것이며, 시대구분의 기본틀인 상고(단군조선-후삼국)-중고(고려 건국-멸망)-근세(조선 건국-철종)-최근(대원군 집권-한일병합)은 일제 관학자들이 편찬한 『조선사대계』에서 따온 것이다.

둘째, 최남선은 당시의 개설서들이 고대사에 치중했던 것과 달리 근대사에 50% 정도의 분량을 할애했다. 『조선역사강화』 전체 50장은 상고 10장, 중고 9장, 근세 17장, 최근 14장인데, 실제 서술 분량은 근대사에 해당하는 최근 부분이 절반 정도를 차지하고 있다. 이는 최남선이 "금일의 조선을 설명하는 살아있는 기록이 되게 하겠다"는 분명한 현대사 인식을 갖고 『조선역사강화』를 집필했기 때문이다.

셋째, 『조선역사강화』는 정치 · 외교 · 경제 · 제도 · 군사 등 정치외교사와 경제사를 중심으로 삼고 각 시대의 말미에 문화 부분을 보완하는 방식을 취하였다. 특히 조선 왕조의 문화에 대해서는 제24장 교육과 학문의 융성, 제33장 문화의 융성, 제50장 이씨 조선의 학예 등 3개 장을 할애하여 조선의 문화적 융성함과 우수성을 강조하고 있다. 특히 조선 시대 문화 발전의 주역인 중인층의 활약에 대해 큰 비중을 두어 서술하고 있다.

넷째, 『조선역사강화』의 내용 중에는 현재의 한국사 연구 경향에 영향을 미친 대목들이 많았다. 예를 들면, 1) 한국 고대사의 자주성을 강조하면서 단군 조선—기자 조선—위만 조선의 삼조선설을 한국사에 편입시켰고, 2) 한사군의 위치를 요동반도가 아니라 한반도 내로 비정하였고, 3) 민족 형성사적 · 문화사적 차원에서 삼국 통일의 역사적 의미를 중시하였고, 4) 삼국 통일 이후를 남북국 시대가 아니라 통일 신라 시대로 파악했으며, 5) 조선 후기 실학의 발흥에 주목하여 북학파의 계보와 사상적 특징을 서술했으며, 6) 개화파의 연원을 최한기(崔漢綺) · 이규경(李圭景) · 오경석(吳慶錫) · 유대치(劉大致) 등으로 잡았고, 7) 일제 강점기에 출간된 한국사 개설서임에도 불구하고 항일 의병 전쟁 및 기타 반일 운동을 서술하고, 나아가 고대부터 개항기까지 외세의 내침과 국난 극복의 문제를 비교적 자세히 다루고 있다. 8) 제49장에 간도 문제를 다룬 장을 별도로 설정하여 청국과의 영토 분쟁 문제를 논급하고, 또 일본과 청국 간에 체결된 일청 협약으로 말미암아 간도가 청국에 넘어갔음을 서술하여 한국사에서 영토 문제에 주의를 기울였다.

3

일제 강점기에 최남선은 일제의 비호와 견제를 동시에 받아가면서 문필 활동을 활발히 벌였다. 그의 단군 연구를 비롯한 많은 저술들이 지극히 현학적인 문체로 쓰여진 반면, 한국사 개설서는 사실 위주의 간명하고 평범한 문체로 쓰여졌기 때문에 대중들의 애호를 받았다. 이로 인해 해방 이후까지도 최남선은 일반 대중들에게 가장 영향력 있는 역사가였다.

『조선역사강화』의 재발행본인 『조선역사』는 해방 직후 국사 교과서로 이용되기도 하였다. 이승만 정권 출범 직후인 1948년 10월 문교부 편수국장 손진태가 전국 학무국장회의 석상에서, 안호상 문교장관이 전국의 중등교장을 소집한 자리에서 "민족 정기를 해칠 우려가 있는" 최남선의 저서를 모든 학교에서 교과서로 쓰지 말라고 지시했다. 이는 최남선의 저서들이 국사 교재가 부족하던 해방 직후에 일선 교육 현장에서 널리 이용되는 것을 차단하기 위한 특별 조치였다. 그러자 일찍부터 『조선역사』를 국사 교과서로 사용하던 서울 시내 여학교에서는 일부 교사들이 그만한 교과서가 없다며 문교부 지시를 거부했고, 급기야 『조선역사』를 표지만 떼어내고 가르치기도 하였다. 이는 신국가 형성기에 일반 대중들의 역사 인식 형성에 최남선이 큰 영향을 미치고 있었음을 입증하는 대표적인 사례이다.

그러나 『조선역사강화』는 사회경제 분야를 문화에 종속된 부분으로 파악하거나 제도적 측면에서 파악하려는 문화사관에 입각해 쓰여졌기 때문에 사회경제 분야에 대한 체계적 서술을 결여하고 있었다. 이로 인해 『조선역사』는 임태보의 『조선통사』(1912)의 요약본이라거나 '뼈없는 역사'라는 지적을 받기도 하였다. 게다가 『조선역사』의 말미에 붙어있는 민족개조론적 역사 평론인 「역사를 통하여서 본 조선인」에서는 "미지근하고, 탑작지근하고, 하품 나고, 졸음까지 오는 기록의 연속이 조선역사의 외형이다."며 한국사를 자기부정적으로 인식했는데, 이러한 패배주의적인 민족 인식은 상황 변화에 따라 일제 관학자들의 민족우열론이나 식민사관을 수용할 위험을 안고 있었다. 그러나 이러한 문제점들에도 불구하고 역사를 사회 발전 단계에 따라 거시적 · 계기적으로 파악하려는 마르크시즘적 역사 인식이 한국사 개설서에 본격적으로 반영되기 이전에 나온 『조선역사강화』는 그 당시로서는 최고 수준의 개설서였다고 판단된다.

최남선 한국학 총서를 내기까지

현대 한국학의 기틀을 마련한 육당 최남선의 방대한 저술은 우리의 소중한 자산이다. 그러나 세월이 상당히 흐른 지금은 최남선의 글을 찾아보는 것도 읽어내는 것도 어려워졌다. 난해한 국한문 혼용체로 쓰여진 그의 글을 현대문으로 다듬어 널리 읽히게 한다면 묻혀 있던 근대 한국학의 콘텐츠를 되살려 현대 한국학의 발전에 기여할 것이었다.

이러한 취지에 공감하는 연구자들이 2011년 5월부터 총서 출간을 기획했고, 7월에는 출간 자료 선별을 위한 기초 작업을 하고 해당 분야 전공자들로 폭넓게 작업자를 구성했다. 본 총서에 실린 저작물은 최남선 학문과 사상에서의 의의와 그 영향을 기준으로 선별되었고 그의 전체 저작물 중 5분의 1 정도로 추산된다.

2011년 9월부터 윤문 작업을 시작했고, 각 작업자의 윤문 샘플을 모아 여러 차례 회의를 통해 윤문 수위를 조율했다. 본격적인 작업이 시작된 지 1년 후인 2012년 9월부터 윤문 초고들이 들어오기 시작했고 이를 모아 다시 조율 과정을 거쳤다. 2013년 9월에 2년여에 걸친 총 23책의 윤문을 마무리했다.

처음부터 쉽지 않은 작업이리라 예상했지만 실제로 많은 고충을 겪어야 했다. 무엇보다 동서고금을 넘나드는 그의 박학함을 따라가는 것이 쉽지 않았다. 현대 학문 분과에 익숙한 우리는 모든 인문학을 망라한 그 지식의 방대함과 깊이, 특히 수도 없이 쏟아지는 인용 사료들에 숨이 턱턱 막히곤 했다.

최남선의 글을 현대문으로 바꾸는 것도 쉽지 않았다. 국한문 혼용체 특유의 만연체는 단문에 익숙한 오늘날 독자들에게는 익숙하지 않았다. 그렇다고 문장을 인위적으로 끊게 되면 저자 본래의 논지를 흐릴 가능성이 있었다. 원문을 충분히 숙지하고 기술상 난해한 부분에 대해서는 수차의 토의를 거쳐 저자의 논지를 쉽게 풀어내기 위해 고심했다.

많은 난관에 부딪쳤고 한계도 절감했지만, 그래도 몇 가지 점에서는 이 총서의 의의를 자신할 수 있다. 무엇보다 전문 연구자의 손을 거쳐 전문성을 확보했다는 것이다. 특히 최남선의 논설들을 현대 학문의 주제로 분류 구성한 것은 그의 학문을 재조명하는 데 도움이 될 것으로 본다. 또한 이 총서는 개별 단행본으로 구성되었다는 것이다. 총서 형태의 시리즈물이어도 단행본으로서의 독립성을 유지하여 보급이 용이하도록 했다. 우리들의 노력이 결실을 맺어 이 총서가 널리 읽히고 새로운 독자층을 형성하게 된다면 더 바랄 나위가 없겠다.

2013년 10월

옮긴이 일동

오영섭

서강대학교 사학과 졸업
한림대학교 대학원 역사학과 졸업(문학박사)
현 연세대학교 연구교수

• 주요 논저
『고종황제와 한말의병』(2007)
『한국 근현대사를 수놓은 인물들 1』(2007)
『한말 순국 의열 투쟁』(2009)
「안중근가문의 독립운동 기반과 성격」(2010)
「현행 고교 한국사 교과서의 독립운동사 서술현황과 개선방향」(2013)

최남선 한국학 총서 16

조선역사강화

초판 인쇄 : 2013년 12월 25일
초판 발행 : 2013년 12월 30일

지은이 : 최남선
옮긴이 : 오영섭
펴낸이 : 한정희
펴낸곳 : 경인문화사
주　소 : 서울특별시 마포구 마포동 324-3
전　화 : 02-718-4831~2
팩　스 : 02-703-9711
이메일 : kyunginp@chol.com
홈페이지 : http://kyungin.mkstudy.com

값 15,000원
ISBN 978-89-499-0983-7 93910